AF192776

The Builder

REVISTA PARA EL ESTUDIO DE LA MASONERÍA

THE BUILDER

Revista para el estudio de la masonería

Publicado mensualmente por la
National Masonic Research Society

JOSEPH FORT NEWTON

Nº 13

EDICIÓN ORIGINAL	REEDICIÓN ESPAÑOLA
Enero, 1916	Abril, 2025

Edición histórica

Publicado por
MASONICA
Ediciones del Arte Real

© 2025 ENTREACACIAS, S.L.

ENTREACACIAS, SL
[Sociedad Editora]
Covadonga, 8
33002 Oviedo - Asturias (España)
info@masonica.es

Primera edición: abril de 2025

ISSN: 2695-8899
ISBN (edición impresa): 979-13-87560-26-3
ISBN: (edición digital): 979-13-87560-27-0
DL: AS 00143-2020

Todos los derechos reservados.
Ninguna parte de este libro puede ser reproducida o transmitida de ninguna forma ni por ningún medio, electrónico o mecánico, incluyendo, fotocopia, grabación, escaneo o por cualquier medio de almacenamiento de información en Internet o en cualquier otro lugar, sin autorización de la editorial por escrito.

(THE BUILDER es un foro abierto para el debate libre y fraternal. Cada uno de sus colaboradores escribe con su propio nombre y es responsable de sus propias opiniones. Creyendo que una unidad de espíritu es mejor que una uniformidad de opinión, la Sociedad de Investigación, como tal, no defiende ninguna escuela de pensamiento masónico frente a otra; sino que ofrece a todos por igual un medio para el compañerismo y la instrucción, dejando que cada uno se mantenga o caiga por sus propios méritos).

SUMARIO

--- N.º 13 - Abril 2025 ---

EL PÁJARO DEL TIEMPO

QUÉ hay más familiar que el Tiempo, y sin embargo, ¿qué es más escurridizo y oscuro? ¿Quién sabe lo que es, salvo que podemos decir que es una porción medida de esa Eternidad en la que vivimos ahora y siempre? Hace tictac en el reloj, suena en el silbato de la fábrica. Los hombres ocupados nos dicen que es dinero, y los perezosos intentan matarlo. Los poetas lo pintan como un tirano, un ladrón, un viejo con una guadaña que, si no fuéramos tan rápidos, nos alcanzaría y acabaría con nosotros. Y sin embargo, aunque el Tiempo nos atrapa, nunca lo podemos asir. Tan fugaz es que ni lo vemos ni lo oímos, y mientras uno escribe y otro lee se ha ido a ese pasado que no regresa, sin dejar eco de su paso.

En cualquier caso, está siempre en las alas, y su vuelo, siempre silencioso, nos ha traído una vez más a un Año Nuevo, con su aniversario del Principio y el Fin. Pocos de nosotros estamos dispuestos a recuperar el pasado y vivir la vida de nuevo, a menos que, de hecho, pudiéramos empezar más sabios de lo que fuimos y así evitar los viejos errores.

No, la nuestra es la gloria de seguir y seguir siendo, dejando el pasado de bóveda baja por las mansiones más amplias y soleadas del alma. Siempre miramos hacia el futuro, con sus maravillas y sorpresas o, tal vez, sus penas y derrotas. Sin embargo, podemos hacer una pausa, ya que un año va y otro viene, mientras el Padre Tiempo cambia la bobina en el mayor de todos los espectáculos cinematográficos.

Y así, mirando hacia atrás por el Camino de Ayer, esperamos que en el Año Nuevo ninguno de nuestros Hermanos sufra ningún mal que el dinero no pueda curar. Por lo demás, la ley y los profetas no contienen palabra de mejor regla para la salud de la vida interior que la famosa advertencia: "Espera un poco; no temas nada, y ama todo lo que puedas". Después de todo, es un deseo sabio, si lo piensas, ya que las cosas que el dinero no puede curar son los males del espíritu, la enfermedad del corazón y el triste y sordo dolor de esperar a los que ya no regresan. Los hombres hacen su trabajo, representan sus pequeños papeles en el gran drama y desaparecen. Sólo permanecen las cosas eternas, como la tierra por debajo y el cielo por encima, y Dios vive y reina, aunque Su Providencia deja espacio para la imprevisión humana, pues de lo contrario no seríamos hombres, sino marionetas en una farsa fantasmal. Sólo es sabio el que vive para las cosas que permanecen, buscando la verdad en el amor, sirviendo a sus semejantes.

> Así permanezco en el Gran
> Siempre Contigo, mientras ruedan las Eternidades;
> Tu Espíritu nunca me abandona,
> Tu Amor es el Hogar de mi Alma.

LOS DONES DE DIOS

Cuando Dios en el principio hizo al Hombre,
Teniendo a su lado un vaso lleno de bendiciones,
Dijo: "Vertamos en él cuanto podamos.
Que las riquezas del mundo, que dispersas yacen,
Se contraigan en un solo instante".

Así la Fuerza abrió camino;
Después fluyó la Belleza,
Luego la Sabiduría, el Honor, el Placer.
Cuando casi todo se había vaciado,
Dios hizo una pausa.
Vio que, entre todos sus tesoros,
El Descanso yacía al fondo.

"Si también este joyel le concediera", dijo,
"Mi criatura adoraría mis dones y no a mí,
Adoraría mis regalos en vez de a mí,
Y hallaría su descanso en la Naturaleza,
No en el Dios de la Naturaleza.

Así, ambos saldríamos perdiendo".
Sin embargo, dejó que el Hombre guardara el resto,
Que sea rico y cansado, eso al menos,
Para que, si no lo guía la bondad,
Al menos el cansancio lo arroje a mi pecho.

~George Herbert

Robert Burns, 1759 - 1796

LA RELIGIÓN
DE ROBERT BURNS

Por el Hno. Gilbert Patten Brown, Mass.

ODOS los hombres poseen algún valor real. El credo es una invención del hombre. El genio es un don de Dios al hombre. El propio nombre "genio" significa dones originales, no adquiridos, dones nacidos: del latín de *Gignor*, nacer; o, más antiguo aún, del griego de *Gennao*, generar, producir. Un hombre puede ser un buen historiador, un gramático o un comentarista: sólo un hombre de genio puede ser pintor, estatuario o poeta. El poeta es un pensador original. Siempre que encontramos a un hombre de intelecto poco común labrándose su propio destino y mostrándose poderoso entre sus contemporáneos, nos beneficiamos de haber entrado en contacto con tal persona. En alguien de ese tipo hay una delicadeza de naturaleza. Suele ser vidente. Han vivido en todas las épocas y se han encontrado entre todas las razas de hombres. No pertenecen a ninguna clase ni credo en particular y suelen ser profundamente religiosos a su manera de razonar. El caballero de esta monografía es sin duda el hijo más grande de Escocia. Con sus poemas enseñó al mundo la diferencia entre religión y credo.

> El rango no es más que el sello de una guinea,
> el hombre es el oro, a pesar de todo.

Posiblemente ningún poeta haya vivido jamás que poseyera ese estilo original y esa singularidad de composición como Robert Burns, cuyos ojos vieron por primera vez la luz de este mundo el vigésimo quinto día del rudo y viejo guerrero enero de 1759, en el pintoresco pueblecito de Alloway. La casa de campo bajo cuyo histórico tejado nació sigue en pie. Los viejos libros parroquiales de registros, oscurecidos por la edad, muestran que su ascendencia era de la mejor sangre de Ayr y Alloway. Lo que sigue es un breve relato de esta antigua familia (celta): "Hijo legítimo de William Burns de Alloway y Agnes Brown, su cónyuge", y "bautizado por el Sr. William Dalrymple: testigos, John Tement y James Young".

INICIADO EN MASONERÍA

Los días de juventud de Burns transcurrieron en un entorno rural, lo que dio a su joven cerebro la oportunidad de leer la filosofía de la vida en las páginas abiertas del libro de la naturaleza. Su compañero de juegos en la escuela era su modesto hermano Gilbert. El abuelo materno del poeta, Gilbert Brown, era granjero y conocido por su vida recta, también por sus profundas convicciones religiosas. Difería del credo de sus antepasados, al igual que el poeta. Antes de llegar a la edad adulta, Burns se afianzó en la fe de "la paternidad de Dios y la fraternidad del hombre". En su juventud presenció un funeral dirigido por la institución masónica. Aquella visión nunca la olvidó. En la bella Tarbolton, Ayrshire, se encontraba la Logia St. David, n.º 174, cuyos miembros eran los "caballeros sustanciales, rectos y honrados" del vecindario. Un extracto de las páginas de registros de ese organismo histórico, con fecha de 4 de julio de 1784, dice: "Robert Burns en Lockly ingresó como Aprendiz". Firmado, "R. Norman". Y, bajo la fecha del 1 de octubre, el registro dice: "Robert Burns, en Lockly, fue exaltado a los grados de Compañero y Maestro Masón, siendo Henry Cowan Venerable Maestro, James Humphrey Primer Vigilante, y Alex Smith, Segundo; Robert Wadrown, Secretario, y

John Manson, Tesorero; John Tammock, Guardatemplo, y otros hermanos presentes."

MÁS LUZ EN LA MASONERÍA

Robert Burns se interesó mucho por su nuevo y más fraternal hogar. Las lecciones que allí había aprendido ocuparon un lugar muy grato en su corazón, y en poco tiempo deseó "más luz en la Masonería", haciéndose "Masón del Arco Real" regular. A su debido tiempo, solicitó seguir avanzando en los antiguos misterios de la Institución. En las actas del antiguo "libro de registro" de la Logia St. Abb de Leymouth, y con fecha de 19 de mayo de 1787, se puede leer lo siguiente:

En un campamento general de la Logia St. Abb, los siguientes hermanos fueron exaltados al grado de Masones del Arco Real: Robert Burns, de la Logia de St. James, Tarbolton, Ayrshire; y Robert Ainslie, de la Logia de St. Luke, Edimburgo. Robert Ainslie pagó una guinea como derecho de admisión; pero, en atención al notable genio poético de Robert Burns, el campamento acordó admitirlo gratuitamente, considerándose honrado por contar con un hombre de tan brillantes facultades como uno de sus compañeros.

Antes de que Robert Burns fuera exaltado al grado de Maestro Masón, la Logia St. David, N.º 174, y la Logia St. James se consolidaron bajo el nombre de Logia St. David, N.º 174, Masones Antiguos, y más tarde se separaron, reclamando cada una con orgullo que "Bobbie" Burns era miembro de su logia.

En toda Escocia, la fraternidad masónica suele celebrar el 24 de junio. En 1786, a principios de junio, el hermano Burns, deseoso de contar con una nutrida asistencia el día 24 (día de San Juan), envió a su hermano masón, el Dr. John Mackenzie, un hermoso anuncio en forma de poema. Así complacía a sus lectores.

EL MANDIL DEL MAESTRO

La asistencia en aquel "Día de San Juan" fue numerosa en la re-
nombrada Logia St. David, y nunca hubo masón más orgulloso de
vestir los atuendos masónicos que Robert Burns, al extender la cáli-
da mano de la amistad y la fraternidad en aquella ocasión. Era un visitante frecuente y muy bienvenido a las reuniones masónicas en
muchos lugares de la "Bonnie" Escocia. Lo que sigue procede de su
talentosa pluma:

Hay muchas insignias que lucen muy airosas,
con cintas, encajes y adornos brillantes;
que las lleven reyes y príncipes todos,
yo me quedo con el mandil del Maestro,
el mandil del artesano honesto
el mandil del alegre Masón.
Esté en casa o ande por el mundo,
ante su toque caen cerrojo y tranca,
las puertas de la fortuna se abren,
si lleva el mandil.
Pues la riqueza, el honor, el orgullo y el poder,
son piedras que se desmoronan como base;
la fraternidad debería regir la hora,
y todo Masón digno,
todo Masón libre y aceptado,
todo antiguo Masón artesano.
Entonces, hermanos, que una canción sana y alegre
surja entre vuestras filas amistosas.
Buenas esposas y niños cantan con gozo
al ver la insignia antigua con su cinta de mandil,
la que lleva el Maestro Masón.

Nuestro propio William Cullen Bryant, en su discurso durante el festival del centenario del nacimiento de Burns, celebrado en el Astor House de Nueva York, el 25 de enero de 1859, habló extensamente sobre Burns. Lo que sigue no es más que un breve extracto de sus oportunas observaciones:

> Bien ha merecido nuestro gran poeta esta conmemoración universal, pues ¿quién ha escrito como él? ¿Qué poema, descriptivo de las costumbres y virtudes rurales, de la vida campesina en su simplicidad y dignidad —y sin una sola línea falsa ni un toque de color engañoso—, permanece en nuestra memoria y vive en nuestro pecho como *The Cotter's Saturday Night*? ¿Qué relato humorístico en verso puede compararse con su *Tam O'Shanter*? Desde la caída de Adán hasta su tiempo, creo que no se escribió nada en el tono de *To a Mountain Daisy*; otros han captado su espíritu a partir de ese poema, pero ¿quién entre ellos lo ha superado? De todas las canciones de convivencia que he visto en cualquier idioma, no hay ninguna que desborde tanto el espíritu de la convivencia, tan alegre, tan contagiosa como su canción de *Willie brewed a Peck o' Maut*. ¿Qué canciones de amor son más dulces y tiernas que las de Burns? ¿Qué canción apela de manera tan conmovedora a nuestro amor por los viejos amigos y al grato recuerdo de los días pasados como su *Auld Lang Syne*, o a los afectos del hogar con tanta fuerza como su *John Anderson*?

La religión de Burns era verdaderamente la religión de un poeta. "Un poeta irreligioso es un monstruo", dijo. "Desprecio la religión de un fanático, pero amo la religión de un hombre". Tan avanzada ha llegado a ser la era de la razón que estas palabras por sí solas hacen poderoso a Burns entre los más grandes filósofos del mundo. Un verdadero poeta es un hombre religioso. Ve la bondad en todas las cosas: las obras de la Deidad son para él siempre visibles.

SECTARIANISMO

Hace años, sólo Escocia celebraba el cumpleaños de Burns, pero hoy en día personas de muchas razas, credos y lenguas celebran servicios conmemorativos de ese día memorable. Encontramos a muchos predicadores de hoy que depositan su sacrificio de alabanza en el altar sagrado de su querida memoria. Ni siquiera el egoísta de credo o el déspota de raza se preocupan de hacer la guerra al nombre de Robert Burns. La forma para él no era nada, la secta no tenía acogida en su corazón. Los políticos del sectarismo jugaron con sus tiernos sentimientos y, cuando aún era joven, le obligaron a discutir sobre temas teológicos. En años posteriores declaró con frecuencia que las peleas teológicas de sus primeros años de vida no debían considerarse en su contra como hostiles a la religión. Su respeto por la verdadera religión era evidente. Observemos su filosofía en estos versos:

> En lenguaje de labriego,
> ¡Dios te dé buen rumbo,
> y crezcas cada día en sabiduría!
> Y que sepas valorar el consejo
> mejor que quien lo dio alguna vez.

No lucía una sonrisa comercial, ni fruncía el ceño ante las riquezas ajenas. Nunca se le oyó hablar irrespetuosamente de Jesús de Nazaret.

Los siguientes cuatro versos no son más que un fragmento de su poema, el cual él mismo puso en paralelo con el capítulo ocho del Evangelio según San Juan:

> Observa con dulzura a tu hermano hombre,
> con aún más ternura a la hermana mujer;
> aunque puedan desviarse un poco del camino,
> errar es humano.

Por el bien de las canciones de Burns, el mundo racional ha perdonado sus pecados.

Robert Burns murió el 21 de julio de 1796 y fue enterrado cinco días después en Alloway Kirk, Ayr. Ninguna tumba en toda Escocia es más apreciada por el visitante que la de Robert Burns, que tuvo muchos defectos y que, como todos los hombres, cometió muchos errores en la vida, pero cuyo tierno corazón dio a la humanidad algunos de los mensajes más dulces desde el Sermón de la Montaña, y cuyo nombre vivirá mientras la biografía tenga encanto para los hijos de los hombres.

EL DULCE CANTOR

Así encontramos que Robert Burns fue un hombre profundamente religioso. Muchos de sus poemas son verdaderos sermones, dignos de ser atesorados por todos los amantes del valor literario. No desaprobaba a nadie por su forma de adorar a la Deidad. Despreciaba el egoísmo del hombre en la vida comercial:

> El pobre, oprimido y honesto hombre
> seguramente nunca habría nacido
> si no hubiera alguna recompensa
> para consolar a los que lloran.

Y nuevamente dice:

> La Gran Naturaleza habló, con benignidad:
> 'Sigan adelante, raza humana.
> Este mundo inferior os lo entrego,
> sed fieles y multiplicaos'.

A la memoria de su hija, fallecida en 1795, escribió dos versos, uno de los cuales es el siguiente:

> A quienes por su pérdida están afligidos,
> se les ofrece este consuelo:
> ha sido liberada de un mundo de penas
> y florece como una rosa en el cielo.

Uno de sus amigos más fieles fue John Bushby, conocido por su fe en Dios y su honradez de propósito en los asuntos mundanos. En su tumba Burns escribió:

"¡Aquí yace John Bushby, hombre honesto!
Engáñale, Diablo, si puedes".

El "Día de Burns", el 25 de enero, se está convirtiendo en un día popular de celebración, en el que, para quienes aman el lado tierno de la humanidad, la raza y el credo se olvidan.

DUEÑO DE TI MISMO

Del Katha-Upanishad.

Conócete a ti mismo como sentado en el carro; el cuerpo es el carro, el intelecto es el cochero, y la mente las riendas.

Los sentidos son llamados los caballos, y los objetos de los sentidos, los caminos. Cuando Él (el Ser Supremo) está en unión con el cuerpo, los sentidos y la mente, los sabios lo llaman el Disfrutador.

Aquel que no tiene entendimiento y cuya mente (las riendas) nunca está firmemente sujeta, sus sentidos (caballos) son ingobernables, como caballos salvajes para un cochero. Pero quien tiene entendimiento y cuya mente está siempre firmemente sostenida, sus sentidos están bajo control, como buenos caballos en manos de un cochero.

Aquel que carece de entendimiento, que es descuidado y siempre impuro, nunca alcanza ese lugar, sino que entra en el ciclo de nacimientos y muertes. Pero quien tiene entendimiento, que es atento y siempre puro, realmente alcanza ese lugar del que no se nace nuevamente. Aquel que tiene al entendimiento por cochero, y que sostiene firmemente las riendas de la mente, alcanza el fin de su viaje —y ese es el lugar más alto.

"Una de las primeras lecciones que se enseña a un masón es la oración, y qué burla es que un hombre rece al gran Dios cuyo nombre profana. Una razón por la que muchos masones pierden interés es que no fueron primero hechos masones en sus corazones".

Novedad

HISTORIA
DE LA
MASONERÍA
Albert G. Mackey

THE NEW

BOOK

OF

CONSTITUTIONS

OF THE

Most Ancient and Honourable FRATERNITY of

FREE and ACCEPTED MASONS.

Containing Their

History, Charges, Regulations, &c.

ALSO

Some RULES necessary to be observed by the
Committee of Charity, not Published before,

Together with a Choice COLLECTION of MASON's
SONGS, POEMS, PROLOGUES, and EPILOGUES.

Published by the ORDER, and with the
SANCTION of the

GRAND-LODGE.

Collected from the

BOOK of CONSTITUTIONS

Published in ENGLAND, in the Year 1738,
By our worthy Brother *JAMES ANDERSON*, D.D.

For the USE of the

LODGES in *IRELAND*.

By *EDWARD SPRATT*, Sec.

*And the Light shineth in Darkness, and the Darkness compre-
hended it not.*   St. JOHN chap. i. ver. 5.

DUBLIN:

Printed by J. BUTLER, on *Cork-hill*,
For the EDITOR, and Sold at his House in *Nicholas-street*,
M,DCC,LI.

MASONERÍA IRLANDESA

Por el Hno. J.L. Carson, Virginia

Aunque Irlanda no puede presumir de haber tenido un gremio de masones propio, muchas de las catedrales, iglesias y monasterios establecidos a lo largo y ancho del país fueron construidos por bandas o compañías de obreros cualificados pertenecientes a dichos gremios que llegaron al "Reino de Irlanda" desde el otro lado del "Canal de la Mancha".

La Catedral de la Santísima Trinidad (hoy Christ's Church), en Dublín, fue construida entre 1157 y 1230 por un grupo de obreros procedentes de Somersetshire; la Abadía Grey, en el condado de Down, fue erigida por una hermandad de constructores operativos de Whitby entre 1190 y 1200; constructores de Southwark levantaron la Catedral de San Patricio, en Dublín, hacia 1210; y la Iglesia de Santa María en Youghal, la Iglesia de San Nicolás en Carrickfergus, la iglesia abacial de Bangor, en el condado de Down, y muchas otras fueron "armadas con perfecta armonía" por miembros de algunas de las hermandades especializadas de masones operativos procedentes del otro lado del mar de Irlanda, cuyos campamentos o logias, dispersos por todo el territorio, explican el gran número de Logias de San Juan existentes antes del establecimiento de la Gran Logia de Irlanda.

De que la masonería especulativa existía en Irlanda antes de la época de la Gran Logia tenemos sobradas pruebas. Por supuesto, las primeras Logias de San Juan eran puramente operativas, convirtiéndose gradualmente en especulativas, pero en qué fecha se produjo este cambio, o de las circunstancias que condujeron al cambio, no tenemos ningún indicio o conocimiento. Lo que sí sabemos es que ya en 1688 la masonería especulativa era conocida y comprendida en Irlanda. En ese año, John Jones, en su discurso de apertura de la Universidad de Dublín, pronunciado ante una asamblea mixta de universitarios y destacados ciudadanos dublineses, se refirió a la francmasonería en términos que no dejaban lugar a dudas de que se comprendían plenamente los principios del elemento especulativo de nuestra sociedad.

UNA DAMA MASONA

En 1712, en Doneraile House, condado de Cork, donde se celebraba una Logia Especulativa en la mansión de Lord Doneraile, la Muy Honorable Betty St. Ledger, posteriormente Sra. Aldworth (hermana de su señoría), fue admitida como francmasona (siendo la única mujer francmasona que ha sido iniciada regularmente en nuestra sociedad, su iniciación es uno de los romances de la francmasonería).

En 1717, al menos cuatro de estas Logias de San Juan o "Logias de los Tiempos Inmemoriales" se reunieron en la ciudad de Londres con Antony Sawyer como Gran Maestro e inauguraron la primera Gran Logia Especulativa del mundo, la Gran Logia de Inglaterra. Así, en el año 1725 (o incluso antes), las Logias de San Juan de Irlanda se unieron para formar la Gran Logia de Irlanda, la hija mayor de la Gran Logia Madre.

Los periódicos de Dublín de 1725 nos informan que, el día 26 de junio de ese año, la Gran Logia de Irlanda asistió a una ceremonia pública, desfilando por las calles de Dublín "a una escala verdaderamente magnífica". De la misma fuente también se nos dice que, el 28 de junio, "fueron elegidos el Maestro y los Vigilantes de la Antigua y Honorable Sociedad de Masones, y el Muy Honorable Richard,

Conde de Ross, fue elegido Gran Maestro". Tras la instalación, "se celebró un espléndido banquete compuesto por ciento cincuenta platos".

"Después de la cena y de la música, fueron al teatro, donde el señor Griffith" (el comediante, que también era el Gran Secretario) "y la Honorable Sociedad cantaron una canción en alabanza de la Masonería." Todo esto no parece como si fuera "el primer día de salida" para nuestros antiguos Hermanos Irlandeses, pero como todos los antiguos registros de la Gran Logia se han "perdido, extraviado o robado", la fecha exacta del origen de esta Gran Logia no puede fijarse definitivamente, ni tampoco el número de Logias que asistieron a ella. Sin embargo, los "Registros de Munster" son los primeros documentos auténticos de cualquier Gran Logia en Irlanda, y nos informan que una Gran Logia se reunió en Cork el 27 de diciembre de 1726, siendo elegido Gran Maestro el Honorable James O'Brien, tercer hijo de William, tercer conde de Inchiquin, y como Diputado Gran Maestro, Springett Penn, bisnieto del almirante Penn y nieto del célebre cuáquero de Pensilvania. El 9 de agosto de 1731, Lord Kingston, que había sido elegido Gran Maestro de Inglaterra 1728 fue elegido Gran Maestro de la Gran Logia de Dublín. También había sido elegido en 1729 Gran Maestro de la Gran Logia de Munster; su aceptación de ambos importantes cargos irlandeses sirvió para fusionar los dos cuerpos en 1731, en la Gran Logia de Irlanda tal y como existe hoy en día, lo que demuestra la conexión y el buen rollo que existía entonces entre la Primera Gran Logia de Inglaterra y las Grandes Logias de Irlanda.

PRIMERAS CONSTITUCIONES IRLANDESAS

En 1730 John Pennell transcribió y reorganizó las Constituciones de Anderson para la Gran Logia de Irlanda, convirtiéndolas en las primeras Constituciones irlandesas, mostrando así la identidad de los sistemas de la Gran Logia Madre del Mundo y de su hija mayor, la Gran Logia de Irlanda, antes del establecimiento de la Gran Logia de los Antiguos, que derivando su trabajo ceremonial y métodos de organización de la Gran Logia de Irlanda, era más bien un vástago de esa Gran Logia que un secesionista de la Primera Gran Logia de Inglaterra.

En 1740 Laurence Dermott fue iniciado en la Logia nº 26 de Dublín, y en 1746 fue su Venerable Maestro; posteriormente emigró a Londres y fue prácticamente el organizador de la Gran Logia de los "Antiguos". Pronto fue nombrado Gran Secretario y más tarde Diputado Gran Maestro, introduciendo el trabajo irlandés y todos sus métodos de procedimiento, apodando a los seguidores de la principal Gran Logia de Inglaterra como "Modernos".

La masonería irlandesa y la Gran Logia de los "Antiguos" trabajaban, por tanto, la masonería antigua en su forma pura, aferrándose firmemente a la "intención original" y a los Antiguos Landmark, mientras que la Gran Logia Moderna, con sus innovaciones, sus errores tanto por omisión como por comisión, corría el riesgo de cubrir esos puntos de referencia con tanta basura cuasi-masónica que casi llegaban a quedar completamente borrados.

En 1766, el Gran Secretario Crocker, al cambiar de residencia en Dublín, perdió un "pequeño baúl de piel" lleno de documentos de la Gran Logia, y en 1801, Alexander Seton, recién nombrado Gran Secretario, trasladó en un "carruaje de alquiler" repleto de manuscritos, libros y registros desde la casa del Hermano Crocker, los cuales nunca han sido localizados ni recuperados desde entonces. Cualquier estudioso de la historia de los Grandes Cuerpos puede darse cuenta de esta pérdida; toda la historia de la Gran Logia de Irlanda anterior a esta última ha sido laboriosamente recopilada de fuentes externas. Alexander Seton (un abogado de Dublín), quien se apoderó de los antiguos registros, se expuso —tanto por este hecho como por sus muchas irregularidades como Gran Secretario— a una demanda en el Tribunal de Cancillería, siendo nada menos que el célebre orador irlandés y Hermano Masón, Dan O'Connell (El Libertador), quien actuó como abogado junior del Gran Logia. La demanda fue contra Seton, quien inmediatamente se puso a fomentar problemas para la Gran Logia de Irlanda.

ADORNOS Y FLORITURAS

En aquel período, todos los grados conocidos —y muchos hoy desconocidos— se trabajaban en las Logias irlandesas sin otra autoridad que las patentes (warrants) de las Logias Azules. De hecho, la facultad de conceder los grados superiores sólo se regía por la capacidad de conferirlos.

Por ello, la Gran Logia de Irlanda se propuso suprimir todas los "adornos y florituras" de las logias azules, limitándolos a los tres primeros grados. Seton aprovechó esto como pretexto para agitar a las Logias provinciales, tergiversando los intentos de la Gran Logia de someter los Altos Grados a un control centralizado. Así, se puso en marcha con el establecimiento de una Gran Logia rival en Dublín, conocida bajo diversos nombres como el Gran Oriente de Irlanda, la Gran Logia del Úlster y el Gran Oriente del Úlster. El punto central y principal de su plataforma es "que nos parece que las innovaciones que últimamente se ha propuesto imponer a las altas órdenes masónicas son innecesarias, ya que estas órdenes han disfrutado hasta ahora de una tranquilidad ininterrumpida sin ningún jefe ostensible o poder controlador". En 1805 unas 200 logias se rebelaron siguiendo a Seton en el Gran Oriente del Úlster. Durante un tiempo las cosas se pusieron serias, pero la Gran Logia, tras cinco años de lucha, salió victoriosa.

Gracias a una legislación sabia y liberal —que habla volúmenes del buen sentido de los dirigentes de la Orden— el efecto del cisma se desvaneció con asombrosa rapidez, y su recuerdo mismo fue pronto olvidado por todos, salvo por unos pocos estudiosos de la historia masónica irlandesa. La historia de la Gran Logia de Irlanda desde esta fecha ha sido la historia de la mayoría de las demás Grandes Logias. Tuvo sus altibajos, sus días de prosperidad y adversidad, pero sus Tradiciones, Historia y Ritual se han transmitido puros e inmaculados, y el glorioso estandarte del Oficio sigue ondeando sobre una jurisdicción satisfecha y próspera.

CHETWODE CRAWLEY

El actual Ritual fue adoptado por primera vez por la Gran Logia en 1814. John Fowler "que tenía una mente maestra para el ritual" ejemplificó el trabajo ante la Gran Logia, y se decretó entonces y allí que "el trabajo de John Fowler y ningún otro" fuera la norma fija para todos los tiempos futuros. La ejemplificación de Fowler no introdujo ninguna novedad, no omitió nada esencial, se limitó a concretar las ceremonias entonces existentes, aunque algo mezcladas, tal como se habían transmitido desde el principio. Edward Thorp, alumno de Fowler, continuó la buena obra durante muchos años. El difunto juez Townsend y Harry Hodges, así como nuestro estimado Hermano W.J. Chetwode Crawley, recibieron su ritual masónico del Hermano Thorp, sin "evasiones ni reservas". Los Muy Respetables Hermanos Townsend, Hodges y Crawley han ofrecido lo mejor de sí mismos a la Gran Logia de Instrucción, de modo que la afirmación de la Gran Logia de Irlanda sobre la exactitud de su pura y antigua Masonería no es una vana jactancia. Se exige una "estricta precisión verbal" cuando no existe un monitor o libro de texto impreso o escrito, reconocido o no, y éste es el sistema por el que se alcanza esta exigencia.

Un Hermano en una Logia Subordinada que demuestre aptitud e inclinación para dominar las ceremonias, es propuesto por su Logia para asistir a la Gran Logia de Instrucción en Dublín. Si obtiene un certificado de aptitud, se convierte en instructor de su Logia. Dos de los más capacitados de estos ritualistas en cada provincia son elegidos anualmente como Instructores Provinciales de la Gran Logia. Estos realizan visitas regulares a la Gran Logia de Instrucción, así como a las Logias de su provincia donde ningún Hermano posea un certificado de instructor, o a cualquier Logia conforme a las instrucciones de la Gran Logia Provincial o a solicitud de la Logia Subordinada. Si se exige una "estricta exactitud verbal", también se exige una "estricta uniformidad de la vestimenta masónica", no permitiéndose llevar en una Logia Azul ningún mandil, joya o condecoración que no sean los pertenecientes a los tres primeros grados y al de Past Master. Esta regla se aplica tanto a los Hermanos visitantes como a los miembros de la Logia. La Gran Logia se reúne anualmente en Dublín; el Gran Maestro es vitalicio y los Grandes Oficiales son nombrados por la Gran Logia y la Junta de Propósitos Generales.

"LAS JOYAS"

La Junta de Asuntos Generales organiza y decide casi todos los detalles administrativos de la Gran Logia, de modo que las decisiones de esta suelen ser una simple y directa ratificación de las resoluciones de dicha Junta. Las Grandes Logias Provinciales se reúnen trimestralmente; el Gran Maestro Provincial, generalmente vitalicio, es nombrado por el Gran Maestro. Dado que el Diputado Gran Maestro Provincial es una designación del Gran Maestro Provincial, resulta que el cargo de Primer Gran Vigilante Provincial es la posición electiva más alta que pueden otorgar los Hermanos irlandeses.

Las "Joyas" de la masonería irlandesa son la Escuela Masónica de Niños Huérfanos, la Escuela Masónica de Huérfanas, y el Fondo Masónico del Jubileo de Victoria, todas ellas sostenidas con la generosidad y buena voluntad que caracterizan al masón irlandés, tanto en su tierra como en el extranjero, pues "la Caridad todo lo sufre y es benigna".

La primera Patente Militar (N.º 11) jamás emitida por cualquier Constitución fue otorgada el 7 de noviembre de 1732 al Primer Batallón del Regimiento Royal Scots por la Gran Logia de Irlanda. A través del medio de estas Logias Militares, Itinerantes o del Ejército

—de las cuales la Gran Logia de Irlanda y su Logia Hermana, los "Antiguos", emitieron varios cientos—, la masonería alcanzó los confines de cada posesión británica, y bien puede reclamarse para ellas la mayor parte del mérito en la difusión de la masonería a lo largo y ancho del mundo de habla inglesa.

En Irlanda ya se conocía el Arco Real en 1743, y el grado de Caballero Templario en 1758. La tradición y los chismes generalmente aceptados de las logias nos llevan a creer que ambos grados se trabajaban en conexión con las logias azules o como organizaciones distintas mucho antes de estas fechas. Muchos, si no todos los regimientos estacionados en Irlanda que poseían Patentes Militares, adoptaron estos grados y los practicaron sin impedimento alguno bajo sus patentes ordinarias de Logia Azul, dando origen así a lo que se conoció como "Patentes Negras" (Black Warrants); de ahí que se explique la expansión de los grados del Real Arco y del Temple, así como los de la Masonería Azul, en todos los lugares donde fueron destinados estos regimientos.

La Gran Logia de Irlanda expidió el primer Certificado de Gran Logia entregado a un masón por su Gran Logia. El primero de estos certificados que cruzó el mar fue llevado por Laurence Dermott y exhibido con orgullo por él en la Gran Logia de Londres, demostrando así su identidad y su capacidad para ejecutar todos los rituales masónicos tal como se practicaban en Irlanda en aquella época. La Patente N.º 1 de la Logia que se reúne en Mitchellstown, condado de Cork, es el documento existente más antiguo de su tipo jamás emitido por una Gran Jurisdicción. Mitchellstown se encontraba en la finca y cerca de la mansión de Lord Kingston, Gran Maestro; de ahí que se explique que se le otorgara una patente a ese pueblo. Es muy posible que se conocieran en la propia mansión. Esta Logia afirmaba haber funcionado como una Logia de San Juan regularmente constituida durante cincuenta años antes de recibir su patente de la Gran Logia. Durante muchos años, estas Logias de San Juan se mantuvieron al margen de la Gran Logia y no solicitaron patentes regulares de Constitución. En 1840 encontramos el siguiente anuncio en los periódicos públicos: "Se ordena a aquellas Logias que aún no hayan solicitado sus patentes que las soliciten al Sr. John Baldwin, Secretario General de la Gran Logia, o de lo contrario serán tratadas como rebeldes." De hecho, era causa frecuente de disturbios y alborotos cuando los "Regulares", es decir, los miembros de Logias que habían recibido Patentes de la Gran Logia, y los llamados masones "Salvajes", "Rebeldes" o "de Seto" —como se denominaba a los pertenecientes a logias no autorizadas— se encontraban en ferias, mercados y funerales, arrastrando sus chaquetas por el centro de la calle, cada grupo proclamando su legitimidad y gritando: "¡Si quieres armar jaleo o pelea, pisa el borde de mi chaqueta!". Y yo les digo a los lectores de *The Builder*: si quieren revivir cualquiera de las antiguas ceremonias antes mencionadas, basta con decir una mala palabra sobre la Gran Logia de Irlanda, y estaré con ustedes.

EL DÍA DE LA FERIA

Dios fue al mercado del mundo en un gran día de feria. Todos los puestos estaban atendidos por sacerdotes, que gritaban a la multitud:

¿Qué dios vas a comprar?
El mío es el único dios verdadero.
Aférrate al dios de tus antepasados.
Mi dios hace concesiones al pecado y te vende indulgencias.
Mi dios es indulgente.
Mi dios da beneficios.
Mi dios está de moda.
Ven, compra con oro.
Ven, compra con rituales.
Ven, compra con trompetas.

Y Dios se alejó con cansancio y dijo a las estrellas:

"Cuánto tarda la humanidad en madurar".
~Elizabeth Gibson Cheyne.

Albert Pike (1809-1891)

REFLEXIONES
SOBRE LA FILOSOFÍA DE
ALBERT PIKE

Por el Hno. Frank W. Ellis, Iowa

L A FRANCMASONERÍA se ha definido como una ciencia que incluye todas las demás ciencias. El estudio de *Moral y Dogma* conducirá a una aguda apreciación de tal definición, y a comprender que no solo es la más concisa, sino también una de las más abarcadoras, proporcionando una ilustración del inmenso alcance de *Moral y Dogma*.

Dogma, según el propio Pike, debe interpretarse como doctrina o enseñanza, y así tenemos en *Moral y Dogma* un libro que comprende la moral y las enseñanzas masónicas; normalmente expresado de forma más erudita y digna como filosofía de la masonería de Pike.

La filosofía de la masonería, o la filosofía de cualquier escritor masónico en particular, significa el despliegue de la sabiduría de la masonería. Es decir, nosotros como masones utilizamos el término filosofía como una ciencia que trata de nuestro sistema particular de enseñanza. Recogemos este conocimiento o sabiduría como ciencia o filosofía de numerosas fuentes; se puede decir sin temor a equivocarse que mana de innumerables fuentes. Símbolos, alegorías, leyendas, ocurrencias de la Biblia y muchos dramas, visten atractivamente esta sabiduría. El significado de los símbolos, las imágenes generadas por sus alegorías, leyendas y episodios bíblicos, esclarecen las lecciones de la masonería, las cuales se denominan Filosofía Masónica. El porqué de que ciertos símbolos, alegorías y acontecimientos enseñen estas lecciones nos conduce a un dominio más amplio y diverso de la filosofía, sí, incluso a los vastos depósitos de conocimiento de todos los tiempos, lo que implica una investigación que, en general, solo el sabio o el erudito profundo puede emprender. Sin embargo, a este respecto, no está de más señalar que, con un juicio bastante sereno y una buena mente, una investigación de este tipo producirá un resultado erudito en alguien que no haya sido bendecido con el conocimiento de los libros adquirido en las universidades o escuelas. Si la mente ordinaria del masón ordinario no se despierta o estimula a la actividad para el aprendizaje profundo, sin embargo, puede adquirir y absorber el significado masónico y llegar a una comprensión masónica de todas las bellezas instructivas, fructíferas y fascinantes de los símbolos, las imágenes hechas por las alegorías y los acontecimientos representados en la masonería. Y cuando contempla las límpidas profundidades de los arroyos que fluyen de estas fuentes e interpreta y construye sus cantos y armonías, la nota que golpea su acorde de respuesta no es difícil de comprender.

LA FINALIDAD DE LA MASONERÍA

El propósito de la masonería no es suplantar o sustituir a la religión. La masonería es sólo una ayuda para la religión. Es para enseñarnos a creer firmemente en Dios y en la inmortalidad del alma. La filosofía masónica tiene este fin en vista, y trabaja para esa consumación. La creencia en la unidad de Dios y en la inmortalidad del Alma es su ley básica y fundamental, su eterna lección y fundamento. Su moral sigue necesariamente como un postulado, inevitablemente como una secuencia. No es el propósito de este trabajo tratar de tocar las teclas en perfecta armonía con todas las concepciones de Pike, prestadas u originales, en sus enseñanzas morales o su filosofía, sino más bien encontrar algunas de ellas como uno sostendría en su oído la concha escuchando el tenue estribillo de las cadencias de las profundidades sonoras. Es un esfuerzo por arrancar e inhalar el perfume y observar la belleza de sólo algunas de las flores que crecen en el jardín de la Filosofía de la Moral y del Dogma.

Indudablemente, como han declarado eruditos estudiosos, la filosofía enseñada en *Moral* y *Dogma* es la reducción de todas las fuerzas o impulsos, espirituales y materiales, a la dependencia para su existencia del Absoluto. El Ser que es Ser, siempre fue Ser y siempre será Ser. El universo con todas sus ramificaciones, incluida la vida y la materia inanimada, procede o emana de Dios, el Absoluto. Interpretemos nuestros principios individuales como queramos, sin embargo conducen a la Unidad final, que es el Absoluto. Que como deducción necesaria de esta doctrina de que todo surge o debe su existencia al Absoluto o Dios, existe una doctrina de la armonía que surge de la acción de fuerzas contrarias en todo, ya sea espiritual o material.

DOCTRINA DE LA EMANACIÓN

La doctrina del Absoluto fue enseñada por casi todos los sabios, filósofos, sabios, oráculos y sabios de todos los tiempos. Fue la doctrina de casi todas las instituciones esotéricas de todas las épocas. Y Pike deduce hábilmente de los escritos de casi todos los sabios la teoría de la operación de fuerzas contrarias que producen armonía.

La mayoría de los comentaristas de Pike se contentan con exponer su filosofía de la forma más exigua o como clave para entender su *Moral* y *Dogma* y le remiten a un estudio de su obra, que es elogioso no sólo por su filosofía sino también por la riqueza de aprendizaje con la que brillan sus páginas.

Una declaración fría o sin adornos de la Doctrina de la Emanación de todo desde Dios, o el Absoluto, y que tales emanaciones o manifestaciones operaron por la acción combinada de contrarios, es una cosecha árida y estéril de la poesía y belleza y sabiduría de la filosofía de Pike. Tal es la doctrina de la filosofía de Pike, y su mera mención puede ser una pista o indicio o incentivo suficiente para el erudito y el estudioso o el filósofo. No basta, sin embargo, si queremos estimular al masón ordinario a un estudio de la filosofía de la masonería de Pike. Su filosofía se enmarca en muchas constelaciones, cada una de ellas compuesta por muchas estrellas diferentes, muchas de primera magnitud.

La doctrina del Absoluto, si se la puede llamar así por brevedad, no es una filosofía nueva. Es más antiguo que el lenguaje escrito y se remonta al primer método de enseñanza por símbolos y aún más allá, a los oscuros recovecos de la remota y desconocida antigüedad, cuando el pensamiento mortal tomó forma por primera vez; si es que no formaba parte del primer pensamiento mortal y allí tuvo su origen. Creer en Dios siempre ha sido intuitivo. Es instintivo, parte integrante de la humanidad, si es que no lo es más y procede de la comunión con Dios de los patriarcas.

La armonía como producto de la acción espiritual debe ser la ley de creación de todas las cosas porque no podría ser de otro modo. Ese tema sagrado no puede ser resuelto por la mente humana por la razón de que trata de lo infinito que está por encima y más allá de la mente humana. Del mismo modo, el cielo azul es un nombre sólo porque no existe. Miramos al infinito que el ojo humano no puede ver. La mente humana tampoco puede comprender las operaciones del Infinito. La gracia y la belleza de la Creación Infinita, que produce una armonía exquisita en cada forma y molde, estimula a la mente humana a esforzarse por penetrar en sus misterios, y todas las fuerzas del cerebro humano se esfuerzan por comprender. Es la esperanza lejana e inútil de la ciencia. Ha agitado a los más altos y mejores y más brillantes y profundos intelectos de todos los tiempos, que se han esforzado por explicarlo mediante todos los símbolos que el ingenio del hombre ha podido inventar. El lenguaje, que es en sí mismo un símbolo del pensamiento, ha sido agotado y torturado, para dar claridad a una explicación. Pero todo fue en vano. La razón humana tiene su límite en el entendimiento humano. La Verdad prístina no está al alcance de la comprensión del hombre.

DIOS Y LA INMORTALIDAD

Para el hombre ordinario, la filosofía de la masonería, tal como la enseña Pike, puede aportarle la creencia en la Unidad de Dios y la Inmortalidad del Alma, apoyándose en la razón y la fe humanas. Esta filosofía de Pike enseña a su alumno en casi cada página. Uno puede leer y estudiar *Moral y Dogma* y descartar la doctrina particular de cada filósofo mencionado en él o al que se hace referencia, e incluso la filosofía del propio libro, y aun así, sus páginas rebosan y emanan una irradiación de moralidad, fundada en la lógica de leyes inmutables, que iluminan el camino hacia la meta de la perfección humana, o la utopía de la excelencia humana, porque están basadas o fundadas en nuestra ley: la Unidad de Dios y la Inmortalidad del Alma.

Por qué la moralidad de la humanidad, ya sea en un individuo o en una nación, se basa en estos principios inmutables es nuestra filosofía. Pike nos advierte una y otra vez que la naturaleza no se explica, que sólo se explican las cosas sencillas. La propia revelación, a la vez que revela, oculta porque no puede ser de otro modo. Un verdadero misterio no lo es porque sólo lo comprendan unos pocos, los selectos. Es un misterio por la razón de que no puede ser explicado por el lenguaje, pues si pudiera ser aclarado o evidenciado por palabras nunca habría sido un misterio, y habría sido expuesto al nacer. Por lo tanto, los símbolos transmiten un significado que sólo puede existir en el pensamiento y en la mente o en el juicio del intelecto. Multiplicar las palabras no las revela. Ese proceso sólo las cubre o las oculta. Por ejemplo, en la naturaleza sólo conocemos el efecto del fuego, no la causa. Conocemos el efecto del rayo o la electricidad, pero no su causa. En tales fenómenos podemos descubrir la combinación de los elementos que los componen, pero lo que actúa sobre estos elementos para producir los efectos es un misterio aún sin resolver. Asimismo, otro misterio, no parece que nuestra comprensión, nuestra sabiduría, esté destinada a resolverlos. Cuanto más utilizamos las palabras para explicar lo irresoluble, lo desconocido y lo inescrutable, más los volvemos a cubrir con un manto o velo opaco.

LA FUERZA DE LA ELECTRICIDAD

Dios y la Inmortalidad del Alma están mucho más ocultos y son más impenetrables para la mente humana que el movimiento de la materia. El fuego y la electricidad son materia porque tardan en actuar. La maravillosa fuerza de la electricidad que va y viene, con sus aterradores efectos, casi instantáneamente, una catarata de fuego desde el cielo, sin embargo es visible y lleva su tiempo. El éter envuelto y oscuro que llamamos vacío o espacio, por su fricción, o por alguna otra causa, retarda la luz porque aunque la luz viaja con inconcebible rapidez el tiempo se consume antes de que llegue a la tierra desde las lejanas estrellas.

Nuestra razón humana quizá se defina parcialmente como prueba de sentido. La prueba apela al juicio, al intelecto, de manera que resulte convincente. En otras palabras, la razón es, en nuestra mente, la certeza de alguna existencia o fenómeno que podemos apreciar y comprender. Todos sabemos que existen cosas materiales como el rocío, la luz, la tierra, las plantas, la luna, las estrellas, el sol y los edificios, árboles u objetos de cualquier tipo, o el arco iris, o las nubes o los colores porque los vemos. La ciencia explica muchas cosas de forma indiscutible. Sentimos muchos otros efectos. Estamos seguros de que esas cosas son ciertas y de que existen. Nuestra razón nos los da a conocer.

Cuando cesa la razón debemos confiar en la fe, tanto si la fe precede o sigue a la razón como si opera con ella simultáneamente. Una fe ciega, encubierta o cuestión de hábito o de herencia, no es una fe verdadera. Debemos tener una fe fundada en la razón, es decir, la certeza de la convicción que nunca teme ni tiembla ante la proximidad de la duda. De lo contrario, andaremos a tientas en la oscuridad, entre sombras o en una niebla perenne.

ESTRELLAS DE LA FE

La fe en Dios y en la inmortalidad del Alma es una de las estrellas de primera magnitud en las constelaciones que forman toda la Filosofía de la Moral y del Dogma, como lo es en cualquier filosofía de la masonería. ¿Podemos adquirir mediante cualquier filosofía una convicción real basada en una fe que nunca cede? ¿O debemos abjurar de la sabiduría y vacilar siempre en la oscuridad? ¿O podemos encontrar una razón para la fe que llevamos dentro? ¡Pike dice que sí! Muchos otros sabios dicen lo mismo. ¿Por qué? La Biblia es una razón para la fe y es totalmente suficiente para muchos miles. Sin embargo, no hay nada malo en acumular razones para la fe, si es que puede haber tal acumulación de pruebas fuera de la Biblia. Probablemente, para todos la prueba de la fe está ahí, si tan sólo la encontráramos.

El fundamento más atractivo para una fe basada en la razón es la naturaleza. La naturaleza enseña mediante símbolos; no explica. Por analogía, si no de otro modo, las lecciones de la Naturaleza producirán una fe inquebrantable e inevitable. La Naturaleza, el Universo, es la obra del Absoluto, la evidencia del pensamiento de la Causa de las Causas, Dios. La materia nunca se destruye. El alma o espíritu del hombre proviene de la Luz Suprema y es indestructible por toda demostración del Infinito.

La filosofía de Pike, aparte de ciertas conclusiones profundas, aparte de sus hermosas lecciones de moralidad, y aparte de sus innumerables excursiones a la teoría de cada esfuerzo de gobierno y de los problemas sociales y su efecto, y aparte de la filosofía trabajada y citada de los sabios y eruditos, revela una lección a la mente ordinaria del masón ordinario tan brillante, tan resplandeciente y tan encantadora como para ser fascinante, aunque no pretenda ser metafísica.

Y esto es así tanto si Pike utiliza esa lección como ilustración o argumento para su consumación final como si es original o prestada o moldeada en el crisol de su asombrosa mente.

FE Y RAZÓN

La fe paralela a la razón son ciertamente dos de las grandes columnas que construye la filosofía de Pike. Ejercita tu razón o tu juicio para hacer fuerte tu fe. Si tu fe en Dios y en la inmortalidad te es probada, ¡es inmutable e inmutable! Los vientos invernales más fuertes de la duda nunca la enfriarán ni la helarán, las ráfagas tropicales más calientes de la vacilación nunca la marchitarán ni la encogerán, y ninguna atmósfera de vacilación podrá jamás deformar ni cambiar su melodiosa contundencia. La certeza fija de la fe debe ser adquirida por uno mismo. Es tuyo instintivamente y sólo necesita su perfeccionamiento y educación para que se te manifieste. Todo el conocimiento acumulado de todas las bibliotecas del mundo es impotente para transferir la fe de sus páginas a tu mente, pero sólo un libro puede crear en ti ese don humano inestimable; pero sin siquiera un libro puedes recoger la cosecha de la fe de una semilla de sabiduría plantada por la naturaleza.

El gran, así llamado, misterio oculto de la filosofía masónica es revelado por la fe. La fe hace evidentes los significados de sus símbolos. Una vez adquirida, el conquistador puede ver los siete peldaños de la escalera, y mientras sube, mirando hacia arriba, las nubes se rompen, el horizonte se ensancha y la luz brilla cada vez más claramente hasta convertirse en el refulgir de una inmortalidad segura. Una fe así reconciliará el mal existente con la sabiduría y la bondad absolutas de Dios. La fe con la razón no son sólo para el erudito profundo sentado en un pináculo de inaccesible reclusión, sino también para el que trabaja en el valle o trabaja en la ladera de la montaña, si sus pensamientos escalan las alturas a lo largo del camino que la naturaleza ha iluminado con señales perpetuas. Así reza la filosofía de Pike. Lee y reflexiona.

Estimula tu mente leyendo y ejercítala reflexionando.

LA DURACIÓN DE LA VIDA

La duración de la vida es tan breve, que el mecanismo maravilloso del ser humano parece apenas tener sentido; pero cuando llegamos a considerar las maravillas de la naturaleza —que las formas más diminutas de vida, como los infusorios o los animalículos, algunos de los cuales viven apenas una hora o un día, y, por otro lado, la indescriptible y sobrecogedora duración de los sistemas solares—, podemos formarnos alguna idea o concepción, por medio de la comparación, de la importancia microscópica e infinitesimal del hombre. Es en gran medida esta apreciación de la insignificancia del yo lo que conduce a una apreciación real de la maravillosa magnitud y los prodigiosos fenómenos de la naturaleza. El tiempo borra la vida material como aplastamos una hormiga con el talón o como un secante se lleva la tinta. La brevedad de la vida ha sido el tema del bardo y la inspiración del filósofo. Todas las lecciones de moralidad, verdad y virtudes han sido pintadas, cantadas y recitadas bajo la inspiración de la brevedad de la vida y la insignificancia del hombre. Sin embargo, que la vida sea corta y el yo no sea nada no es motivo para renunciar a aprovechar la vida al máximo.

Mejorar nuestra naturaleza moral y encontrar los medios de multiplicar nuestra beneficencia y emplear nuestro mejor esfuerzo para la mejora de nuestra naturaleza espiritual mediante el culto al Gran Arquitecto del Universo, la interpretación de la escritura de Dios en las grandes páginas del Libro de la Naturaleza y la mejora de los males de la humanidad son la gran obra de la masonería a través de su filosofía. Las páginas de Pike brillan con esta filosofía y la fe y la razón, y aparentemente los contrarios trabajando coordinadamente, son su faro luminoso. Es cierto que hay muchas coruscaciones que se elevan y descienden, desde y hacia el gran resplandor o luz central de la fe en Dios y el Alma inmortal fundada en la razón. A título ilustrativo, tomemos dos citas de Pike.

EL MILAGRO DE LA VIDA

Aquí hay dos semillas diminutas, no muy diferentes en apariencia, y dos de mayor tamaño. Dáselas al erudito Pundit, químico, que nos cuenta cómo se produce la combustión en los pulmones, y las plantas se alimentan con fósforo y carbono, y los álcalis y el sílex. Que los descomponga, que los analice, que los torture de todas las maneras que sepa. El resultado neto de cada uno de ellos es un poco de azúcar, un poco de fibrina, un poco de agua... carbono, potasio, sodio y cosas por el estilo que a uno no le importa saber qué son.

Los ocultamos en la tierra; y las ligeras lluvias los humedecen, y el Sol los ilumina, y pequeños y delicados brotes surgen y crecen; —¡y qué milagro es el simple hecho del crecimiento!— la fuerza, el poder, la capacidad por la cual ese pequeño brote débil, que un simple gusano puede arrancar de un mordisco con sus mandíbulas, extrae de la tierra, el aire y el agua los distintos elementos —tan cuidadosamente clasificados por la ciencia— con los cuales aumenta en estatura y se eleva, imperceptiblemente, hacia el cielo.

Uno crece hasta convertirse en un tallo delgado, frágil y débil, de textura blanda, como una mala hierba ordinaria; otro, en un arbusto fuerte, de fibra leñosa armada de espinas y lo bastante robusto como para desafiar a los vientos; el tercero, en un árbol tierno, sujeto a ser marchitado por las heladas y despreciado por todo el bosque; mientras que otro extiende sus brazos rugosos por todas partes y no se preocupa ni de las heladas ni del hielo, ni de las nieves que durante meses se extienden alrededor de sus raíces.

Pero he aquí que de la tierra parda e inmunda, del aire invisible e incoloro y del agua límpida de la lluvia, la química de las semillas ha extraído colores, cuatro tonos diferentes de verde, que pintan las hojas que brotan en primavera de nuestras plantas, nuestros arbustos y nuestros árboles. Más tarde llegan las flores: los vivos colores de la rosa, el hermoso brillo del clavel, el modesto rubor de la manzana y el espléndido blanco de la naranja. ¿De dónde vienen los colores de las hojas y las flores? ¿Por qué proceso químico se extraen del carbono, el fósforo y la cal? ¿Es mayor milagro hacer algo de la nada?

ÁCIDOS Y ÁLCALIS

Arranca las flores. Inhala los deliciosos perfumes; cada uno perfecto, y todos deliciosos. ¿De dónde han venido? ¿Con qué combinación de ácidos y álcalis podría producirlos el laboratorio químico?

Y ahora, en dos de ellos llega el fruto: la manzana sonrosada y la naranja dorada. ¡Arráncalas... ábrelas! La textura y el tejido son totalmente diferentes. El sabor es completamente diferente, el perfume de cada una es distinto del de su flor y del de la otra. ¿De dónde el gusto y este nuevo perfume? La misma tierra y aire y agua han sido hechos para proporcionar un sabor diferente a cada fruta, un perfume diferente no sólo a cada fruta, sino a cada fruta y a su propia flor.

Todos somos naturalmente buscadores de maravillas. Viajamos lejos para contemplar la majestuosidad de las viejas ruinas, las venerables formas de las vetustas montañas, los grandes saltos de agua y las galerías de arte. Y, sin embargo, la maravilla del mundo está a nuestro alrededor; la maravilla de los soles ponientes y de las estrellas vespertinas, de la mágica primavera, del florecimiento de los árboles, de las extrañas transformaciones de la polilla; la maravilla de la Divinidad Infinita y de Su ilimitada revelación. No hay esplendor más allá del que establece su trono matutino en el dorado Oriente; ninguna cúpula sublime como la del Cielo; ninguna belleza tan hermosa como la de la tierra verde y floreciente.

Uno de ellos pinta con un lenguaje tan coloreado como el follaje y las flores y con un aroma tan seductor como el perfume de sus flores, la fuerza de los organismos materiales como el aire, la tierra, el agua y la luz. Otro comprende las maravillas del cielo, como las innumerables lámparas del cielo colgadas por la noche, o la maravillosa belleza de la cromática puesta de sol, que sólo podría pintarse con los colores del estudio de los ángeles.

LA LEY ETERNA

El hecho de que la Tierra sea esférica, que nunca debemos olvidar, y por tanto no tenga principio ni fin en nuestra mente, es simbólico de su Autor; además, su parte más material, su suciedad, forma parte incluso del gran plan celeste del Universo y en combinación con otros organismos está obedeciendo a la misma ley de armonía que los sistemas solares o al mismo impulso o causa que agita la mente humana para pensar o los músculos para moverse o el gusano para vivir.

He aquí de nuevo la lección, la misma ley eterna e inmutable que rige el crecimiento de la brizna de hierba o de la hoja temblorosa como lo hace con los cielos abarcadores en los que se despliega el refulgir del sol de mediodía o el tranquilo resplandor de la luna o los pacientes reflejos de los planetas o los apacibles centelleos de las lejanas estrellas.

La fe se funda en la esfera que nuestra razón nos dice que no tiene fin ni principio; el símbolo y la expresión más altos y perfectos de la armonía. El Alma, manifestación de lo infinito, indefinible, insoluble, el gran don misterioso de Dios, no podemos comprenderlo sin resolver lo imposible y descorrer el velo oscuro que cubre la inmortalidad. Si no podemos tener demostrada por prueba indubitable una manifestación del Infinito, es evidente lo absurdo de cualquier comprensión finita del Infinito o Absoluto. La fe es una necesidad humana, sin ella sólo hay una combinación de circunstancias fortuitas que llamamos ciegamente azar. La fe es el resultado de la razón y trabaja con ella mano a mano, como "la luz y la oscuridad son los caminos eternos del Universo", ahora desplegando el amanecer matutino, o el día brillante, ahora pintando los cielos con hermosos colores y ahora amortajando la tierra como los reinos del Erebo, como un panorama interminable de eterna armonía. La fe es compañera y amiga de la razón y cada una es diferente pero dependiente de la otra como los hemisferios del cerebro. El arco de uno es el arco del otro. Ambos forman parte del mismo círculo que lo abarca todo. La brizna de hierba forma parte del círculo, al igual que la Vía Láctea, inmensa en extensión y distancia, pero sólo un camino en el cielo. El espacio de arriba es igual al espacio de abajo. El espacio está equilibrado tanto si se está sobre la tierra como sobre una esfera tan lejana que su luz aún no nos ha alcanzado. El cenit y el nadir, los puntos más remotos de la imaginación, son también centros de círculos tan lejanos que el espacio o la distancia se vuelven inconmensurables como lo inconmensurable se convierte en lo ilimitable. Las mismas leyes inmutables rigen y controlan el latido de tu corazón como guían los destinos de los cuerpos celestes que se arremolinan en su viaje por el espacio. ¡Aprecia esto y la fe brotará espontáneamente de la razón! La ciencia ha demostrado la inmutabilidad de estas leyes. La naturaleza reitera una y otra vez en las revoluciones silenciosas de las esferas o en el crecimiento continuo y silencioso de los árboles la inmutabilidad de estas leyes en miles de años de perfección nunca cambiante. La fe nace de la razón que ve y aprecia el panorama lógico interminable del funcionamiento tranquilo, pacífico y sereno de la naturaleza a través de la ley de la armonía en todos los ciclos del tiempo infinito.

MONUMENTOS A GRANDES HOMBRES QUE FUERON MASONES

Por el Hno. Geo. W. Baird, P.G.M., Distrito de Columbia

BARÓN DE STEUBEN

Este hermoso conjunto se encuentra en la esquina noroeste de La-Fayette Square, en Washington. Fue modelado por el famoso escultor Albert Jaegers, con un coste de 50.000 dólares, que el Congreso consignó en 1903. Se inauguró en 1910 con ceremonias oficiales, en cuya ocasión el presidente de los Estados Unidos (el Hermano W. H. Taft) y el embajador de Alemania pronunciaron los discursos principales.

El general Von Steuben gozaba de gran estima en Washington, en todo el ejército y entre los patriotas en general. Se hizo querer tanto por el pueblo como por el ejército que casi se le adoraba. Renunció a su título nobiliario alemán para convertirse en ciudadano estadounidense y fue de los nuestros además de estar con nosotros, lo que le distingue de la clase con guión, o de los aventureros.

Muchos consideran que este grupo de estatuas es el más bello de la capital; muestra al general fuertemente embozado, como en Valley Forge, donde ejercitó y puso en forma a las tropas del Ejército Continental. La banda echada sobre su hombro recuerda su servicio en el estado mayor de Federico el Grande; su mano descansa suavemente sobre la empuñadura de la espada; se le muestra como si siguiera los movimientos desplegados de las tropas.

En la base, en altorrelieve, hay un grupo llamado "Instrucción Militar", que representa la labor de toda la vida de Von Steuben; la obra por la cual la Nación Americana lo recuerda y honra: el entrenamiento del Ejército Continental. Un soldado experimentado instruye a un joven en el uso de la espada.

El segundo grupo -también en altorrelieve- es "Conmemoración", en el que "América enseña a la Juventud a honrar la memoria de sus héroes: una rama extranjera se injerta en el árbol de su Vida Nacional": Suelda a su corazón al extranjero que ha echado su vida en el bien y el mal de su pueblo, empleando la idea de unidad y fraternidad de todas las Nacionalidades bajo la guía de la Gran República."

Von Steuben fue elegido por el Ministro de Guerra francés (St. Germain) como el hombre más adecuado para introducir en el inexperto ejército estadounidense la disciplina y el entrenamiento que tanto necesitaba: Con este propósito, en 1777 le presentaron al Dr. Franklin, quien consintió en venir a América y ayudar en la causa americana. A Von Steuben se debe el mérito de entrenar al Ejército Continental.

Von Steuben permaneció en Estados Unidos y se convirtió en ciudadano de buena fe, renunciando a su rango alemán y a su título nobiliario. Trajo consigo su afiliación masónica, con el rango de Pasado Maestro, a la Logia Holland en la ciudad de Nueva York, y asistía con frecuencia a las tenidas, participando de las alegrías de la logia. Se hizo miembro de una iglesia, en Nueva York, y se identificó con el pueblo, de forma democrática.

A los nuevos miembros: Los anuncios relacionados con las actividades de la Sociedad se encuentran habitualmente en la contraportada interior de *The Builder*. Los antiguos miembros deberán tener en cuenta que quienes deseen encuadernar sus volúmenes pueden solicitar las portadas. Diríjanse al Secretario.

Por supuesto, si preguntan e insisten, en palabras de Hiawatha, "Responderé, te lo contaré"; pero quizá los versos se expliquen por sí solos.

Estas pocas líneas, que parecen tan solemnes,
sólo se pusieron para rellenar la columna.

CORTESÍA MASÓNICA

(El siguiente fragmento de reminiscencia, tomado de un artículo titulado "El Masón como Ciudadano", escrito por el Hermano Silas W. Power, de Kansas, y publicado en el *London Freemason*, ilustra esas verdaderas virtudes masónicas: el Silencio y la Circunspección.)

Había otra secta religiosa en Wheaton, un pueblo del norte de Illinois, que dirigía un colegio y enseñaba que la masonería y todas las sociedades secretas emanaban directamente del mismo Satanás. Se diferenciaban de la otra gente de la iglesia en este aspecto, que trabajaban en la idea antimasónica todo el tiempo. Hace unos treinta y cinco años convocaron una convención antimasónica en la ciudad donde yo vivía.

Asistieron varios centenares de delegados, y se pidió a los ciudadanos que proporcionaran alojamiento en sus casas a los delegados. A mis padres se les pidió y consintieron en entretener a un par de delegados, y durante una semana tuvimos con nosotros a un ministro y a un granjero, y les dimos lo mejor que teníamos en casa. Mi padre nunca usó ningún distintivo o emblema masónico; no había cartas ni cuadros colgados en las paredes que mostraran su historia masónica, ni nada que indicara que la familia creía en la masonería. Los delegados, especialmente el ministro, estaban llenos del espíritu, y en cada comida el ministro convertía la conversación en una discusión sobre los males y la pecaminosidad de la masonería. A mi madre le molestaba y preocupaba no poder inducir a mi padre a responder a sus denuncias contra los masones ni a decir nada sobre el tema. Todas las noches acompañaba a sus invitados a las reuniones en la sala pública y escuchaba los discursos y alocuciones. En una de ellas, el presidente Blanchard, del Wheaton College, declaró con gran énfasis que era imposible que un cristiano y un masón existieran en la misma piel. Aunque mi padre era anciano en la iglesia presbiteriana, esto no pareció alterarle lo más mínimo.

El último día que los delegados estuvieron allí, el ministro le comentó a mi padre en la mesa que, como éste era un abogado prominente y había servido en la judicatura y en la vida pública, era extraño que nunca se le hubieran acercado para pedirle que se uniera a alguna sociedad secreta. Mi padre se volvió hacia él y le dijo: "Mi querido señor, he sido Odd-Fellow durante treinta y cinco años y masón casi el mismo tiempo". El granjero dejó caer el cuchillo y el tenedor con cara de susto, como si acabara de darse cuenta de que había estado en grave peligro de muerte durante la última semana. El ministro, aunque algo desconcertado, fue capaz de "volver" con una profusa disculpa por haber discutido el tema durante su entretenimiento, pero se le dijo que no necesitaba disculparse, porque nada de lo que había dicho había ofendido. El ministro preguntó entonces por qué mi padre nunca había rebatido sus argumentos ni defendido la masonería. La respuesta llenó de satisfacción a los miembros de la familia, aunque no a los invitados. Fue esto: "Mi querido señor, no presté la más mínima atención a nada de lo que dijo sobre el tema por la sencilla razón de que sabía que estaba hablando de algo sobre lo que era tan ignorante como un bebé nonato".

SI TAN SÓLO COMPRENDIÉRAMOS

Si conociéramos las preocupaciones y las pruebas,
Supiéramos los esfuerzos en vano,
Y la amarga decepción,
Entendiéramos la pérdida y la ganancia,
¿Parecería la áspera eternidad igual?
¿Deberíamos ayudar donde ahora obstaculizamos?
¿Deberíamos compadecer donde culpamos?
¡Ah! Juzgamos a los demás duramente,
Sin conocer la fuerza oculta de la Vida,
Sin saber que la fuente de la acción
¡Es menos turbia en su origen!
No vemos entre el mal
Todos los granos dorados de bien;
Y nos amaríamos más
Si lo entendiéramos.
¿Podríamos juzgar todos los actos por los motivos
Que rodean la vida de los demás,
Ver el corazón y el espíritu desnudos,
Saber qué impulsa la acción,
A menudo nos parecería mejor
Juzgar todos los actos como buenos;
Nos amaríamos más
Si lo entendiéramos.

- Rudyard Kipling

CONSTRUCTORES DEL ALMA

Las almas se construyen como los templos;
Profundamente hundida, oculta, desconocida,
Yace la piedra de fundamento seguro.
Luego, los cursos enmarcados para sostener,
Elevan las columnas cloisterianas con gracia,
Y al final, la esbelta aguja,
Elevándose hacia el cielo, más y más alto.
Las almas se construyen como los templos,
Aquí una talla rica y pintoresca,
Allí la imagen de un santo;
Aquí un cristal de tono profundo para contar,
Toque sagrado o milagro,
Cada toque cuidadoso o descuidado,
Añade lo poco, estropea lo mucho.
Las almas se construyen como los templos,
Pulgada a pulgada en ascenso gradual,
Se alza la mampostería en capas;
Las preguntas beligerantes tienen su día,
Reyes surgen y se van,
Aún el templo está incompleto,
Aún la culminación parece lejana.
Las almas se construyen como los templos,
Basadas en la ley eterna de la verdad;
Seguras y firmes, sin defecto,
A través del sol, a través de las nieves,
Hacia arriba y hacia adelante el templo avanza,
Cada cosa bella encuentra su lugar,
Cada cosa difícil otorga una gracia,
Cada mano puede hacer o destruir,
Porque las almas se construyen como los templos.

- Susan Coolidge

El mayor catálogo del mundo
de libros de masonería
en castellano.

Autores actuales
Estudios históricos
Obras clásicas
Libros prácticos
Literatura y arte
Trabajos biográficos
Obras institucionales
Rituales
Tradición hermética
Guías históricas
...

(más de 600 obras publicadas)

MASONICA
Ediciones del Arte Real

"PADRE" TAYLOR: HOMBRE Y MASÓN

Por el Editor

(En su número del pasado mes de abril *The New England Craftsman* publicó una interesante semblanza del "Padre" Taylor, uno de los Capellanes de la Gran Logia de Massachusetts de la última generación. Taylor se interesó pronto por la masonería, ingresando en la Logia Corner Stone de Duxbury, como revelan los registros, el 6 de marzo de 1820, y amó a la Orden hasta el día de su muerte. En los días del fanatismo antimasónico, cuando muchos se retiraban de la Fraternidad, y sus miembros a veces se escabullían en la reunión apresuradamente, con las gorras caladas sobre sus caras, Taylor solía pavonearse en la entrada con su sombrero inclinado hacia atrás en lo que él llamaba su "órgano de obstinación". El buen obispo Heddin - bajo cuya obediencia, como metodista, trabajaba- trató de impedir que Taylor desfilara en procesiones masónicas, para evitar ocasiones de tropiezo, pero fue en vano. Taylor marchó con más denuedo, y el obispo dijo: "Bueno, Eddy llevará su mandil a pesar nuestro". Posteriormente, Taylor fue miembro de la Logia Columbian de Boston, a la que asistía constantemente, y nunca se olvidó su oración en la apertura de la Logia cuando la excitación antimasónica estaba en su apogeo: "Bendice a esta gloriosa Orden; bendice a sus amigos; sí, bendice a sus enemigos, y haz que sus corazones sean tan blandos como sus cabezas". También era Caballero Templario de la Comandancia de Boston. Creemos que los hermanos disfrutarán de un relato más detallado del padre Taylor, que no sólo fue un gran masón, sino uno de los hombres más notables de su época, quizá el mayor orador natural que América ha conocido. - El Editor)

ROBERT Collyer cuenta que una luminosa mañana de mayo asistió a una reunión de oración en la antigua iglesia de Hollis Street, Boston. Cyrus Bartol -autor de ese notable libro titulado *Radical Problems*- era el líder y, tras una breve pausa en la reunión, se dirigió a un hombre entrado en años que estaba sentado en un asiento delantero y que se puso en pie. Había un susurro en la reunión, y una luz de expectación en todos los rostros, como el aliento que toca las hojas en un jardín. Collyer se inclinó hacia delante y oyó una voz extrañamente dulce que hablaba de Palomas. Aquella mañana, de camino a la reunión, los había visto agolparse en una ventana para ser alimentados por alguna mano amiga, y la visión le recordó las palabras del profeta: "¿Quiénes son estos que vuelan como palomas a la ventana?"

A medida que el orador se adentraba en su tema, la vieja iglesia parecía estar llena de palomas: se oía el suave zumbido de sus alas. Llegaron en tropel desde los bosques de Nueva Inglaterra y los palomares del North End: palomas de la época del profeta, blancas y moradas, salidas del cielo y hacia el cielo. Entonces, de alguna manera, los que escuchaban eran palomas, acudiendo a la llamada del Padre aquella mañana para ser alimentadas de su mano, o anhelando plumar sus alas y volar lejos y estar en reposo. Era el hechizo de un genio puro -un pentecostés de palomas voladoras- y Collyer no sabía quién había obrado la maravilla. Así que preguntó a un hombre que estaba sentado cerca de él quién era, y el hombre respondió, asombrado de que alguien en Boston hiciera semejante pregunta: "¡Vaya, es el padre Taylor!".

Collyer era joven y, tras la reunión, Bartol le presentó al padre Taylor. El muchacho le tendió la mano tímidamente, y el anciano no le devolvió la suya. En lugar de eso, abrió sus grandes brazos, estrechó al niño en un cálido abrazo y lo besó. A partir de entonces fueron amigos hasta el final. Ese era el Padre Taylor -"Jeremy Taylor en color mostaza", como lo llamó Harriet Martineau- y el único hombre al que Charles Dickens fue a escuchar en su primera visita a este lado del mar; el hombre que cautivó a Jenny Lind, al mayor Booth, a Webster, Emerson, Everett, y a todos los que lo escucharon; y cuyo sonrisa era tan brillante que su pequeña hija decidió que esa era la razón por la que las flores se abrían en su salón.

LEÓN Y CORDERO

Edward Taylor nació el día de Navidad de 1793 en Richmond, Virginia, en un mundo desamparado, porque su madre, una institutriz escocesa, dejó de existir en el mismo momento en que él nació. El pequeño "bulto de bebé" quedó al cuidado de una mami negra, cuyo amor y dulzura rondaron su corazón para siempre. Como Moisés, sacado del arca de enea, era un expósito de la providencia, dotado de ese misterioso poder que llamamos genio. Era un niño rubicundo, como de tierra roja fue hecho el primer Adán, una especie de león, si se le miraba a través de las gafas de Darwin, pero también un cordero, que tenía la sutileza de la serpiente en su intelecto y la dulce necedad de la paloma en su corazón. Al igual que el anciano Booth, que quería rezar por unas palomas muertas, Taylor celebraba funerales por las gallinas y los gatitos que dejaban esta vida, y no sólo utilizaba la persuasión, sino también el látigo para reunir a su público de piqueros y ponerlos en el estado de ánimo adecuado, aunque el látigo era sin duda tan suave como maravillosa era la oratoria. Cuando tenía siete años estaba un día recogiendo patatas fritas para la buena mujer a la que había recaído su cargo, cuando un capitán de barco que pasaba por allí le preguntó si no quería ser marinero. Al instante dejó las patatas, corrió a la casa y gritó: "Adiós, madre", y se hizo a la mar como grumete.

En la biografía de Taylor -de Gilbert Haven y Thomas Russell- los diez años siguientes se califican de "un espacio en blanco", y sin duda fueron una dura experiencia, a la que rara vez se refería. Años más tarde, cuando fue llevado por un amigo a visitar al Dr. W. E. Channing, al salir de la casa observó al amigo: "Channing tiene un talento espléndido; ¡qué lástima que no haya recibido educación!". Con ello quería decir, sin duda, que hay un tipo de educación que no se obtiene de los libros, como la que él había adquirido en la universidad de los vientos y las olas, por cuyo largo y difícil plan de estudios, con muchos y duros exámenes, había pasado. Durante diez años soportó durezas como buen marinero, y a continuación lo vemos deambular un domingo por la mañana hasta la iglesia de Park Street, en Boston, y salir de ella con el hambre en el corazón de poder apelar algún día a los hombres como el gran predicador que allí escuchó.

EXTRAÑA CALIDEZ DEL CORAZÓN

Otro sábado lo encontró en una capilla metodista, y su corazón se sintió extrañamente conmovido por alguien que sondeaba las profundidades de esa conciencia y remordimiento latentes que probablemente yacen en algún lugar del fondo de cada alma. Cuando salía, un buen hombre le cogió la mano -como suelen hacer los metodistas- y le preguntó por su alma. Esto fue una doble sorpresa, porque el niño quería simpatía humana y aquí la tenía, y hasta entonces no era consciente de que tenía tal cosa como un alma. Y el resultado fue que se convirtió al viejo estilo metodista, es decir, se convirtió por completo, se prendió fuego, se derritieron todos los carámbanos y se quemaron todos los pecados. Fue el recuerdo de esta hora alta y soleada lo que le llevó a decir a sus amigos unitarios que estaban intentando criar trigo en el Círculo Polar Ártico, y que más les valía intentar calentar un horno con bolas de nieve que salvar almas a su paso.

En la guerra de 1812 Taylor se hizo a la mar en el Black Hawk, un corsario. Pronto fue capturado por nuestros amigos los enemigos, y su tripulación fue enviada como prisioneros a Halifax, Nueva Escocia. Hubo una rebelión entre los chicos cuando el capellán les leyó las oraciones por el rey Jorge, así que no quisieron escucharle. Taylor era conocido por ser "un hombre que rezaba" y se le pidió que ocupara el lugar del capellán. Se apresuraba a hacerlo y, al cabo de un tiempo, los muchachos se dieron cuenta de que alguien que sabía rezar tan bien también podía predicar, porque, según decían, sólo había diferencia entre hablar de rodillas o de pie. Pero Taylor no sabía leer y le desconcertaba encontrar un texto. El problema se resolvió fácilmente. Encontraron una Biblia y uno de los chicos leía al azar hasta que algún texto le llamaba la atención. Así que, leyendo un día, se encontraron con las palabras: "Un buen niño es mejor que un viejo rey tonto", y Taylor dijo: "Eso servirá como texto", y se lanzó a una historia de nuestra gloriosa Revolución, los encendió a todos, y cayó duramente sobre el viejo y tonto rey Jorge para gran deleite de su audiencia. Desde entonces fue capellán con una ración de prisionero mientras el otro cobraba la paga.

VOSOTROS SOIS ESPÍAS

Liberado de la cárcel, el joven apóstol no podía esconder su luz bajo un celemín, porque eso habría quemado el celemín, así que se convirtió en exhortador en las reuniones del Methodist Alley. Y los buenos metodistas -sabios en esto como en muchas cosas- estuvieron a favor de darle licencia como predicador local, a pesar de que no sabía leer; y dos oficiales de la iglesia fueron enviados a escucharlo. Taylor no debía saber de su presencia, pero un amable amigo se lo dijo, y él tomó por texto: "Por la vida de Faraón sois espías". De todos modos, se le autorizó a predicar con un salario de nada al año y a alimentarse, las mismas condiciones en las que yo prediqué el primer año de mi ministerio, y ahora estoy seguro de que obtuve lo mejor del trato. Para ganarse la vida, Taylor contrató a un vendedor ambulante de Ann Street, que le envió a la costa con un cargamento de artículos de hojalata. Llegó a Saugus en su viaje, se deshizo de sus mercancías y luego se animó a predicar -vendió sus latas primero, fíjense, y predicó después, no antes- y se ganó el corazón de una querida anciana, que lo acogió en su casa, le enseñó a leer y le dio el amor de una madre. Más tarde, Amos Binney intentó enviarlo a una escuela de teología, pero se quedó sólo seis semanas y no pudo soportarlo más.

EDWARD Y DEBORAH

Así que se le dio una licencia completa, y fue enviado a Marblehead para hacerse cargo de una iglesia infantil allí. Allí conoció a Débora, una doncella capaz de enamorar a cualquier hombre, y pronto el joven profeta se sintió enormemente enamorado. Poco después se trasladó a Hingham -a cuatro millas de distancia- y un día subió a la colina para contemplar hacia Marblehead, con un telescopio para ayudar a su corazón, cuando en un instante le asaltó el pensamiento y se puso en pie de un salto con el grito: "¡Bendito sea mi corazón, este es el día de nuestra boda y lo había olvidado por completo!" Era mucho más tarde de la hora fijada, pero Deborah sabía que si Edward corría sólo lo haría en una dirección. Aún así, uno desearía tener un informe de su encuentro a la mañana siguiente, para ver cómo el genio se puso a la altura cuando él le contó cómo era. Se casaron, y no hubo necesidad de que el ministro dijera "mejor o peor", porque no había peor: todo y siempre fue para mejor.

En Duxbury, donde él y Deborah vivían, perturbó el prolongado letargo de aquella bella y antigua ciudad, y algunos de los ministros le tenían celos. Uno de los ministros, el pastor unitario, al encontrarse con Taylor en la calle, le dijo: "Así que, joven, has venido a predicar a Duxbury, ¿verdad?". "Sí -respondió el joven-, el Señor nos manda predicar el Evangelio a toda criatura". "Desde luego -resopló el viejo-, pero nunca dijo que todos los bichos debieran predicar el Evangelio, señor", y se marchó furioso. Y el domingo siguiente Taylor rezó para que de cada pelo blanco de la cabeza de aquel anciano colgara una joya del Señor. También rezó, específicamente, para que el Señor pudiera "bendecir al manso Burr, y al orgulloso Pratt, y salvar al malvado viejo Alden, ¡si puedes!".

Por esta época, 1828, los buenos metodistas empezaron a sentir preocupación por aquellos "que bajan al mar en barcos", y seguramente fue el buen Dios quien les guió en la selección de Edward Taylor para este ministerio. Comenzó en una capilla sombría en

Methodist Alley, pero pronto el lugar se hizo pequeño, ya que muchas personas de iglesias de moda iban a escuchar a un hombre con una voz de oro y un corazón de fuego. Nathaniel Barret, un laico unitario, escribió notas a cien de sus amigos, principalmente de esa fe, convocándolos. Les planteó el asunto y se decidió construir una nueva casa de reuniones para Taylor. Así que los unitarios construyeron una capilla para el evangelista metodista, y eso estuvo de acuerdo con la eterna idoneidad de las cosas. Preguntaron a Taylor qué quería, y él dijo que podían dejar fuera las columnas corintias y darle las virutas. Pero le dieron, en cambio, lo mejor de sí mismos, y eso no fue demasiado.

UN BETEL ANDANTE

La capilla se construyó en forma de barco, en acabado oscuro, con techo bajo, amplia y acogedora. Detrás del púlpito, un artista colgó un cuadro de un barco en apuros, zarandeado por la tormenta. Taylor llamó a este templo "Betel", recordando la escalera de Jacob por la que ascendían y descendían los ángeles en un sueño que también era una oración.

Y Edward Everett llamó al propio Taylor "un Betel andante". Un día, dos marineros se pararon frente a la capilla y uno de ellos, que sabía deletrear, trató de descifrar el nombre que había sobre la puerta: "B-e-t, eso es beat; H-e-l, eso es hell, aquí es donde el viejo hombre vence al infierno, entremos." Y entraron en números, un desierto de almas humanas salvajes, y el genio de Taylor brilló como un faro en la noche. Pero vinieron tantos que tuvo que establecer la norma de que los marineros se sentaran primero, y si llenaban los asientos, el resto debía quedarse de pie. El marinero Jack comprendió el asunto y se sentó sobre su dignidad.

Para los marineros era un amigo y un padre, y por eso le llamaban "Padre" Taylor, y nunca se rindió mayor tributo a un ministro cristiano. Taylor tenía la libertad de la ciudad. Llamó a todas las puertas, ortodoxas, episcopales, católicas o radicales, y en todas partes fue bienvenido, y en todas partes se sintió como en casa, siendo lo suficientemente grande y sabio como para ver lo bueno en cada fe. Del mismo modo, no quería puertas en su púlpito, y un día, cuando un ministro se negó a entrar porque Henry Ware, un unitario, iba a sentarse allí -una forma que tenían algunos hombres en aquellos días de demostrar que eran cristianos, dejando de ser caballeros-, Taylor rezó fervientemente: "Señor, hay dos cosas de las que necesitamos librarnos en Boston: el mal ron y el fanatismo. Cuál de los dos es el peor, Tú lo sabes, yo no, Amén". Cuando alguien le dijo que Emerson iría al infierno, gritó: "¡Ve allí! Porque si él fuera allí, cambiaría el clima y la corriente de emigración se dirigiría en esa dirección.".

EL GRAN ORADOR

De todos los oradores estadounidenses fue el más original e inimitable en su genio y estilo. Si quieren saber con qué hechizo influyó en los hombres, tanto en los cultos como en los ignorantes, lean el pequeño ensayo sobre el padre Taylor escrito por Walt Whitman en *November Boughs*. Ahí verán, en la medida en que tales cosas pueden expresarse con palabras, por qué los grandes actores, cuando venían a ver "cómo lo hacía", olvidaban para qué habían venido y se escondían detrás de sus pañuelos de bolsillo para ocultar sus sollozos. Había grandes oradores en Boston: Everett con su gracia estudiosa, Webster con su majestad, y Choate con su fantasía oriental, pero nadie llevaba a los hombres en un carro de fuego como lo hacía Taylor; y este poder en él sorprendía a nadie más que a sí mismo. Era un hombre poseído, y en sus arrebatos se convertía en una transparencia viva en la que los hombres veían aquellas cosas de las que no es lícito hablar. Y, unido a esto, estaba ese ingenio alado, esa cordura fina y segura, ese sentido común que su genio celestial glorificaba. He aquí algunos de sus dichos:

> "Un hombre no debe predicar como si hubiera matado a alguien", decía cuando un hermano se mostraba demasiado solemne.
>
> Comparó el prepararse para predicar con la fermentación: "Cuando el licor empiece a hincharse, colarse, zumbar y burbujear; ¡entonces tira del tapón!".
>
> "Cuando un hombre me predica, quiero que saque algo caliente de su propio corazón y lo meta en el mío: eso es lo que yo llamo predicar".

Un día, predicando sobre diversiones, hizo un elogio de Jenny Lind como "el pájaro cantor más dulce que jamás se posó en nuestras costas". Un hombre sentado en los escalones del púlpito le preguntó si una persona que muriera en uno de sus conciertos iría al cielo. Los ojos de Taylor se convirtieron en dos puntos de fuego verde, y dijo: "Un hombre bueno irá al cielo, señor, muera donde muera, y un tonto será un tonto dondequiera que viva, aunque se siente en las escaleras de mi púlpito".

Un hombre atrapado en la locura millerita insistió en decir a los marineros que preparasen sus túnicas de la ascensión, ya que el mundo estaba llegando a su fin, y Taylor gritó: "¡Cortadle las correas de las botas y dejadle subir, para que la reunión pueda continuar!".

"Emerson, creo, es el alma más dulce que Dios haya creado, pero no sabe más de teología que lo que el asno de Balaam sabía de gramática hebrea". Parece haber un tornillo flojo en él en alguna parte, pero nunca pude encontrarlo, y por más que escucho, no encuentro ningún roce en la maquinaria.

INGENIO Y SABIDURÍA

A un ministro que había enseñado el dogma de la condenación infantil, le dijo:

> "De nada sirve, hermano, predicar sermones así, porque si lo que dices pudiera ser verdad, tu Dios sería mi diablo".

"Webster es demasiado malo para confiarle nada bueno ahora, y demasiado bueno para tirarlo; es el mejor hombre malo que he conocido".

"El Niágara es como el amor de Dios; nunca se hiela en invierno, nunca se seca en días de perros, y nunca vienes a por agua y te vas con el cubo vacío".

Y así, como un Niágara, la corriente de su ingenio y sabiduría siguió fluyendo, saltando, chispeando y pareciendo inagotable, hasta que se vació en el gran mar. En abril de 1871 pasó a mejor vida, como dicen los franceses, yéndose con la marea menguante, como debe hacer "un viejo salado". Justo antes de morir alguien dijo:

Hay descanso en el cielo, y pronto estarás allí.
Ve tú mismo -dijo-, yo quiero quedarme aquí.

Pero piensa en los ángeles, todos esperando para darte la bienvenida", le dijeron:

No quiero ángeles, quiero gente.

Y entonces, en un instante, volvió el antiguo resplandor y dijo:

Los ángeles también son gente, y los nuestros están entre ellos.

Así pasó el vagabundo, marinero, corsario, prisionero y predicador -un hombre grande, fogoso, paternal y alegre cuyo corazón había tocado Dios- y Boston rindió honor a uno de sus primeros ciudadanos, si no al mayor orador natural que jamás haya existido. Y hubo tristeza en el mar, pues muchos marineros sintieron un nudo en la garganta y una extraña opresión en el corazón cuando supieron que el padre Taylor ya no estaba.

MASONERÍA Y PATRIOTISMO RACIAL

Una de las lecciones del año pasado es la insuficiencia del nacionalismo como fuerza humanizadora y civilizadora. Los hombres se matan entre sí en Europa por la única razón de que viven bajo banderas de distintos colores y en lados opuestos de líneas fronterizas imaginarias. No hay motivo ni naturaleza para que se lancen a degüello unos contra otros. El patriotismo no es virtud cuando empequeñece las simpatías y estrecha el horizonte del alma; es simplemente fanatismo y egoísmo, y se convierte en una amenaza para el mundo.

John Paul Jones, el primer héroe naval de Estados Unidos, se consideraba a sí mismo un ciudadano del mundo y, aunque escocés de nacimiento, luchó por las colonias porque pensaba que representaban un patriotismo más amplio que el que había existido hasta entonces. Defendía a América porque consideraba que América defendía al hombre como hombre. Su entusiasmo era por la raza humana más que por una nación. El amor a la patria es una pasión noble, pero no tanto como el amor al hombre. El Cristo miró más allá de las fronteras de la tierra y la raza y lanzó las cuerdas de su simpatía y afecto alrededor del mundo.

La masonería tiene un claro interés en ello, y ha desempeñado un papel importante en su promoción en el pasado. Tiene una oportunidad para la afirmación del patriotismo mundial tan única y atractiva que equivale a una misión. La fraternidad es uno de nuestros fundamentos; los lazos que nos unen son fraternales y naturales y no se ven avergonzados por ninguna consideración de bandera o clima. No existe ningún masón extranjero; todos somos hermanos, vivamos donde vivamos y nos llamemos como nos llamemos. En estos días de luchas y odio, podemos insistir en ello. El masón americano tiene la oportunidad de un milenio para enseñar y vivir la hermandad que la orden representa.

Cualesquiera que sean las barreras que separen a los masones de los países en guerra, el americano está en términos de fraternidad con todos ellos y puede ayudarles a volver a la misma comunión entre sí.

Hermano John A. Marquis, Presidente de Coe College

"El mundo juzga a la masonería por el andar público de quienes la componen. Si ese andar es torcido, la institución no queda libre de culpa".

CONSTRUIR Y EDIFICAR

"Me temo que no lo considere una preocupación del todo sustancial. Hay que verlo de cierta manera, en ciertas condiciones. Algunos no lo ven nunca. Debes entender que esto no es un montón muerto de piedras y madera sin sentido. Es un ser vivo. Cuando entras en él, oyes un sonido, un sonido como el de un poderoso poema cantado. Escúchalo lo suficiente y aprenderás que se compone de los latidos de los corazones humanos, de la música sin nombre de las almas de los hombres, eso si tienes oídos para oír. Si tiene ojos, ahora verá la propia iglesia, un gran misterio de formas y sombras que salta desde el suelo hasta la cúpula. No es obra de un constructor cualquiera.

"Sus pilares se elevan como troncos musculosos de héroes; la dulce carne de hombres y mujeres se moldea alrededor de sus baluartes, fuertes e inexpugnables; los rostros de los niños pequeños ríen desde cada piedra angular; sus terribles vanos y arcos son las manos unidas de camaradas; y en las alturas y espacios están inscritas las innumerables reflexiones de todos los soñadores del mundo. Aún se está construyendo: construyendo y construyendo sobre ello. A veces, el trabajo se desarrolla en una profunda oscuridad; a veces, en una luz cegadora; unas veces, bajo el peso de una angustia indecible; otras, al son de grandes carcajadas y gritos heroicos como el fragor de un trueno. A veces, en el silencio de la noche, se oyen los pequeños martillazos de los camaradas que trabajan en la cúpula, los camaradas que han subido por delante".

Hermano Charles Rann Kennedy.

LA LIBERTAD ES EL DESTINO DE DIOS PARA EL HOMBRE

Si no existiera Dios, protector de la inocencia y de la libertad, preferiría la condición del león, que recorre sin control el desierto y la selva, a la de un cautivo a merced de un tirano mezquino, que, cómplice de sus crímenes, provocará la cólera del Cielo: pero no; Dios ha destinado al hombre a la libertad. Lo protege para que pueda ejercer el don celestial del libre albedrío. - Simón Bolívar

* * *

MIRANDO HACIA DELANTE

El Año Nuevo es un momento no solo para hacer resoluciones, sino también para trazar planes con esperanza y pensamientos orientados hacia el futuro, y con este espíritu, *The Builder* presentará a los miembros de la Sociedad algunos de sus planes para el año. Solo dos de sus planes para el año pasado salieron mal: el artículo sobre la masonería alemana del Hermano Carus, debido a su grave enfermedad; y las investigaciones más recientes del Hermano Ravenscroft sobre la historia de los Comacines, debido a las distracciones de la guerra, que llevaron a muchos de sus socios comerciales a unirse al ejército. Su artículo, sin embargo, aparecerá durante el Año Nuevo, y será de un valor e importancia inusuales para poner en claro la descendencia de la masonería moderna de la mayor orden de constructores que el mundo haya conocido.

Entre los estudios planeados para el año entrante, hay una serie de artículos del Hermano John Pickard, de la Universidad de Missouri, que trazan la evolución de la arquitectura, mostrando, por el mudo testimonio de los edificios desde los primeros tiempos, y los signos y señales que revelan, el hecho de un orden de constructores a través de los tiempos. Estas ponencias estarán ilustradas y ofrecerán a nuestros Miembros una vívida imagen del origen y crecimiento del gran arte de la construcción, así como una historia de los constructores. Además, el Prof. Hiram Bingham, director de la expedición peruana de 1914-15 bajo los auspicios de la Universidad de Yale y la National Geographic Society, contará a nuestros Miembros lo que encontró en Perú de interés para el Oficio. Así abrimos nuevos campos de investigación original, y los hallazgos de dos de nuestros miembros serán esperados con impaciencia.

Además, tendremos tres conferencias sobre el simbolismo de los tres primeros grados de la masonería, a cargo del profesor Roscoe Pound, de la Universidad de Harvard, cuyas conferencias sobre la filosofía de la masonería tanto deleitaron a nuestros miembros en los primeros meses del año pasado. Nuestros Miembros saben qué esperar del Prof. Pound, y predecimos que sus conferencias harán mucho por redimir el campo del simbolismo masónico de la confusión que durante tanto tiempo se ha cernido sobre él. Además de estas conferencias, el Hermano C.C. Hunt, uno de los mejores estudiantes de masonería de Iowa, empezará por el principio, tomará al novicio desde el momento en que entre en la Logia, y le conducirá a través de los tres primeros grados, señalando y explicando las cosas que encuentre -en la medida en que esto pueda hacerse por escrito-, preparando a nuestros miembros más jóvenes para la gran conferencia del Hermano Arthur Edward Waite, que será uno de los tesoros del año.

El Gran Maestro Johnson, de Massachusetts, que es una autoridad en jurisprudencia masónica y cuya forma directa de escribir tiene un gran atractivo, debatirá la cuestión de las cualificaciones físicas de los candidatos.

El Hermano O.D. Street, de Alabama, ofrecerá un estudio crítico y una apreciación de George F. Fort como historiador masónico, acompañado del perfil del Hermano Fort escrito por su hermano. El Hermano Shepherd, de Wisconsin, ha realizado un estudio sobre los Hogares Masónicos en los Estados Unidos, al igual que su estudio sobre los Landmarks, el cual reunirá información y sugerencias de gran valor práctico para la Orden en todas partes. Vosotros, los editores, esperáis comenzar pronto vuestros ensayos de estudio sobre Albert Pike, y también una pequeña serie de estudios sobre el significado más profundo de la masonería, tanto en su simbolismo como en su servicio a los hombres en la cultura del carácter y de la vida con gracia.

Finalmente, para no mencionar otras características, la Sociedad propone publicar durante el año una reproducción fotográfica del

libro masónico más raro y único del mundo, cuya única copia conocida que se encuentra en existencia está en la Biblioteca de la Gran
Logia de Iowa, titulado "Las Antiguas Constituciones pertenecientes
a la Antigua y Honorable Sociedad de Masones Libres y Aceptados,
tomadas de un manuscrito escrito hace aproximadamente quinien-
tos años; impreso en Londres, y vendido por J. Roberts, en Warwick
Lane, 1722". Este documento es anterior, como se verá, a las Constituciones de 1723, y su reproducción será una obra de arte apreciada
por todos los que aman y valoran los antiguos títulos de propiedad
de la Orden.

* * *

ROBERT BURNS

¡La memoria de Burns! -exclamó Emerson-, me temo que el cielo y
la tierra han cuidado demasiado bien de ella como para dejar algo
que decir. Los vientos del oeste lo murmuran.

Abre las ventanas detrás de ti, y escucha la marea entrante, lo que
las olas dicen de ella. Sus canciones son la propiedad y el consuelo
de la humanidad". A pocos hombres les es dado vivir así en el corazón de sus semejantes; pero hoy, desde Ayr a Sidney, desde Chicago
a Calcuta, el recuerdo de Burns es un dulce perfume. Es más que
una fragancia; es una fuerza viva, que une a los hombres, mediante
una especie de masonería, en una liga de libertad, justicia y piedad.
Sus pies pueden haber caminado en un surco, pero la nobleza de la
hombría estaba en su corazón, el genio de la melodía en su voz, y en
su rostro la luz de la estrella de la mañana.

Si alguna vez se ha dicho de alguien, puede decirse de Robert
Burns que su alma de dulce canción sigue marchando, recorriendo
continentes y años, pisoteando reinos. Fue el precursor del siglo
XIX, el poeta de los derechos y el reinado del pueblo llano. La tierra
estaba fresca sobre la tumba de Washington cuando nació ese siglo;
descubrió a Lincoln y lo enterró con infinito pesar. Pero su melodía

victoriosa encontró voz por primera vez en las canciones de un campesino escocés. Todos coinciden en que Burns fue un poeta lírico de primer orden, si no el mejor compositor del mundo. Trace una línea desde Shakespeare hasta Browning, y él es uno de los pocos con la altura suficiente para tocarla. Sus cualidades eran de fuego: ternura, vivacidad, humor desternillante, patetismo dulzón, sencillez, naturalidad, cualidades bastante raras y aún más raras de combinar. Pero primero fue un hombre -a menudo pecador, pero siempre totalmente honesto- a quien amamos tanto por su debilidad como por su fuerza, por ser un ser humano tan desprevenido; y su fama descansa en versos escritos con rapidez, como los hombres escriben cartas; canciones tan espontáneas, tan sin arte y tan encantadoras como los cantos de los pájaros. Tocó con mano delicada y alegre los sentimientos profundos y nobles de la vieja Escocia, y en algún lugar de la abigarrada túnica de su canción se encontrarán bordadas la vida, la fe, el genio y la esperanza de su tierra natal.

Sobre todo, su pasión por la libertad, su afirmación de la nobleza del hombre, su sentido de la dignidad del trabajo, sus imágenes de las bellezas de la naturaleza, del patetismo de la dura suerte de los humildes, de las alegrías, las penas y las piedades de su pueblo, encuentran respuesta en todos los pechos donde late el corazón de un hombre. Por eso todos los hombres aman a Robert Burns, porque fue él quien nos enseñó, como nadie lo ha hecho desde que Jesús caminó por Galilea, la hermandad del hombre y el parentesco de todas las cosas que respiran. Lo que vive en sus canciones, y siempre vivirá mientras la naturaleza humana sea la misma, es el toque de piedad, de pathos, de derretida simpatía, de amor a la libertad, a la justicia, de fe en el hombre, en la naturaleza y en Dios Llamada pronunciada con un discurso sencillo y una voz dorada de música. Sus poemas eran pequeños chorros de amor y piedad que se abrían paso a través de las fisuras de la teología granítica de su época y de su tierra.

Aquí hay canciones que salieron frescas del corazón de un hombre al que la muerte de un pajarillo hizo soñar con el sentido de un mundo en el que la vida está tejida de belleza, misterio y dolor; un hombre que tenía la fuerza de un hombre y más que la piedad de una mujer. Una flor aplastada en el capullo, un ratón de campo expulsado de su hogar por una reja de arado, una liebre herida que cojea por el camino hacia una muerte polvorienta, o el recuerdo de un pajarillo que cantó para él en días pasados, le conmovían hasta las lágrimas.

Sus poemas no crecían; despertaban completos. Veía la naturaleza con la mirada rápida de un niño, veía la belleza en los pliegues de las colinas, en la inclinación de los árboles, en el murmullo y el brillo de las aguas, en los rostros de las flores del camino y en la bruma que se deslizaba sobre el brezo. El suspiro del viento lo llenaba de una alegría salvaje y triste, y la hermosa gracia de una margarita lo conmovía como el recuerdo de alguien muy amado y muerto hacía mucho tiempo. De modo que el latido de su corazón es cálido en sus palabras, y era un corazón que llevaba en sí una caja de alabastro de piedad.

Así era Robert Burns: un hombre apasionado y lastimero, compacto de luz y llama y belleza, y su canción fluye sobre este viejo y crujiente mundo con la alegría y la maravilla de la primavera. ¡Viva el espíritu de Burns! Si pudiera salirse con la suya, toda injusticia, toda crueldad, todo despotismo caerían, y todo hombre tendría espacio para extender sus brazos y su alma. Quiera Dios que por algún arte podamos llevar su canción de piedad y de libertad a todos los lugares oscuros del mundo, hasta que la vida sea santa en todas partes, y la piedad y la risa vuelvan a los caminos comunes del hombre. Oscuro como es el mundo, espantoso por el dolor de la guerra, negro por la injusticia, la codicia y la lujuria, aún tenemos la esperanza de que se cumpla la visión profética de Robert Burns, el Poeta Laureado de la Masonería:

> Entonces, oremos, que venga lo que venga
> Porque vendrá, a pesar de todo.
> Que el hombre para con el hombre, por todo el mundo,
> Sea hermano, a pesar de todo.

* * *

LA FILOSOFÍA DE LA MASONERÍA

Nuestra Sociedad tiene derecho a estar orgullosa de su primer libro publicado, *Lecciones sobre la filosofía de la masonería*, del Hermano Roscoe Pound, Profesor de Jurisprudencia en la Universidad de Harvard y Diputado Gran Maestro de los Masones en Massachusetts. Estas conferencias, que aparecieron en los cinco primeros números de *The Builder*, se reúnen ahora en un volumen pulcramente impreso y encuadernado, con fotografías de los hombres estudiados, al que el autor ha añadido un prefacio, una bibliografía y un índice. El Profesor Pound dedica su pequeño libro, que será un clásico entre los masones, al Hermano Henry H. Wilson, Pasado Gran Maestro de los Masones en Nebraska, con estas líneas de Manu: "Que el estudioso que conozca bien su deber no dé nada a su maestro antes de regresar a su casa; pero cuando esté a punto de realizar el sacrificio a su regreso, dé al venerable hombre según su capacidad". Así se sentirán muchos jóvenes masones en tiempos venideros con respecto al propio Prof. Pound, ofreciendo un sacrificio de gratitud por un gran maestro masónico. Las conferencias serán reseñadas para nuestras páginas por el Hermano Francis W. Shepardson, de la Universidad de Chicago, tras lo cual vuestro editor dará su opinión en agradecimiento tanto al libro como a su autor. Tanto en el fondo como en la forma, este volumen es digno de cualquier universidad, y la Sociedad considera un gran honor publicarlo como el primero de sus volúmenes.

* * *

NOTAS BREVES

Nos complace informar de la gran acogida que ha tenido entre nuestros Miembros la idea de crear un Círculo de Correspondencia, como revelan los montones de cartas llenas de entusiasmo y sugerencias.

Hay una disposición manifiesta de los Hermanos para abordar y debatir algunos problemas prácticos muy vitales que ahora se plantean a la Fraternidad y a la época; tales como las influencias sectarias en las escuelas públicas, la cuestión de una Gran Logia nacional, la necesidad de una legislación uniforme en cuanto a la cualificación de los candidatos, la masonería y la filosofía oculta, la jurisprudencia masónica comparada, y similares; y creemos que en tal círculo podemos discutir estas cuestiones y realmente llegar a una solución de ellas.

* * *

El próximo número de *The Builder* será un número de Washington, dedicado, en gran parte, a la vida y al carácter y servicio masónicos de nuestro primer presidente, con especial referencia al propuesto Templo Masónico Conmemorativo de Washington que se erigirá en Alexandria, Virginia. Llevará un magnífico cuadro de Washington, en cuatro colores, reproducción del cuadro de William Williams que cuelga en los salones de la Logia Alexandria-Washington.

* * *

Respondiendo a muchas preguntas, nos complace poder decir que Edwin Markham, el gran poeta de la Hermandad en América, es masón, y será uno de nuestros colaboradores en un futuro próximo. Fue nuestro invitado el otro día, y está profundamente interesado en el espíritu, el propósito y la aspiración de esta Sociedad. El editor pronto presentará un pequeño estudio y apreciación del Hermano Markham, para incitar mejor a nuestros miembros a hacerse amigos del hombre que ha puesto la buena y graciosa doctrina del Amor Fraternal en música como nadie más lo ha hecho en nuestros días.

LA BIBLIOTECA

(George Eliot dijo que con un Año Nuevo, como con un nuevo amigo, uno puede empezar cosas nuevas; y eso es cierto incluso en La Biblioteca. En lo sucesivo, en respuesta a multitud de peticiones, se anotarán los precios de los libros recibidos o reseñados, junto con los nombres de las editoriales. De este modo, queremos ahorrar a nuestros miembros el doble trabajo de escribirnos para preguntarnos los precios de los libros, y a nosotros mismos el trabajo de proporcionar información que bien podría proporcionarse de una vez por todas. Tomamos la ocasión para decir una vez más, para beneficio de los nuevos miembros, que la librería Torch Press, en Cedar Rapids, Iowa, podrá conseguir cualquier libro mencionado en nuestras páginas, especialmente libros masónicos antiguos y aquellos publicados en el extranjero, como el primer libro reseñado en esta edición. Como se ha dicho antes, nuestro único interés en la Librería Torch Press, es reunir a buenos hombres y buenos libros, y eso no siempre es fácil de hacer, porque muchos de nuestros clásicos masónicos están agotados. A solicitud de la Sociedad, la Torch Press está buscando las mejores obras masónicas, tanto antiguas como nuevas, y ayudará a nuestros miembros a conseguirlas tan pronto como puedan ser encontradas.

Afortunadamente, la Sociedad pronto estará en condiciones de encargarse ella misma de esta parte del trabajo, sin ánimo de lucro, sino en beneficio de sus miembros, como se anunciará en breve).

MASONERÍA ESPECULATIVA

Aquí está un libro masónico del tipo adecuado, uno de los mejores que hemos encontrado en muchos días, titulado *Masonería Especulativa: su evolución y sus Landmarks*", por el Hermano A. S. Macbride;

siendo una serie de conferencias pronunciadas en la Logia de Instrucción en conexión con la Logia Progress, Glasgow, Escocia, revisadas y condensadas por un Comité designado por la Logia. Piense en tener una Logia de Instrucción para investigar qué es la masonería, de dónde vino y cómo puede ser utilizada para la cultura del carácter y el servicio de la humanidad. Afortunada la Logia que escuchó conferencias tan eruditas pero a la vez tan simples, tan precisas en su resumen de la mejor investigación masónica, y, lo que es aún mejor, tan llenas de ese idealismo noble y claro que sin él la masonería es nula y la vida misma es tan despojada como un paisaje invernal. Tanto en el fondo como en la forma, las conferencias son una inspiración y una delicia, y no dudamos en recomendarlas encarecidamente, y sin reservas, a los miembros de esta Sociedad.

El idealismo, no el ocultismo, es la gran nota de estas conferencias, y el autor deja claro cuán distantes están ambas cosas tanto en espíritu como en método. La masonería, tal como la interpreta el autor, tiene sus raíces, espiritualmente, en la antigua, elevada y heroica Búsqueda del Ideal, que es el hecho principal con respecto al hombre, a la vez la maravilla y la gloria de su vida sobre la tierra. Esa búsqueda, tan persistente como reveladora, siempre ha adoptado la forma de búsqueda de lo perdido, como Isis buscó el cuerpo de Osiris, como Venus lloró por su Adonis asesinado en el monte Libanus, como los Caballeros de la Mesa Redonda fueron en busca del Santo Grial. Así, en todas las épocas y tierras, la búsqueda del Ideal Moral ha dado lugar a la existencia de innumerables sociedades, y de éstas, la Fraternidad de Masones Libres y Aceptados es una de las más grandes, si no la más grande, que el mundo ha visto. Por eso la edad no puede marchitarlo, ni la costumbre anquilosar su infinita variedad de sugestiones, inspiraciones y atractivos, mientras la naturaleza humana siga atormentada por bellas formas de lo que debería ser.

"La masonería no existe para combatir ningún mal en particular, para resolver ningún problema especial, para hacer progresar ningún culto particular o para propagar algún dogma preciso en el mundo exterior. No pretende poseer ninguna píldora patentada para los males de la humanidad ni se propone construir un Estado utópico de libertad política y felicidad económica. No es para el compañerismo social, aunque eso forma, y en muchos sectores forma demasiado prominente, una parte de ella. No está constituida sólo para el ejercicio de la benevolencia, aunque ésta ocupe un lugar no desdeñable, tanto en sus preceptos como en su práctica. No enseña ninguna ciencia, pero la ciencia ocupa un lugar importante en ella. No se decanta por ninguna escuela filosófica, pero su sistema simbólico está impregnado de una profunda filosofía. No instruye en ningún arte especial, pero en ella se honran todas las artes. No tiene credo religioso, pero la religión forma sus cimientos y corona sus pináculos. No es el producto de ninguna época, ni la obra de ninguna nación. Es la evolución y el crecimiento de siglos y ha recibido aportaciones de muchas razas y pueblos diversos.

"La misión de un disparo es la muerte y la destrucción; de un cohete-línea, la vida y la preservación; de la Universidad, el conocimiento; de la Iglesia, la salvación; de la masonería, la construcción del Templo Ideal. La búsqueda del ideal que encontramos en la masonería a cada paso. El viaje de Oeste a Este, como la Tierra para recibir la luz vivificante del Sol; el trabajo de la piedra bruta, transformándose en la piedra perfecta, la mística escalera que llega hasta el nublado dosel; la escalera sagrada, que conduce a los misterios de la Cámara Intermedia; la piedra clave perdida perfeccionando el arco secreto; la palabra perdida, que hará a un verdadero Maestro; el templo destruido, que ha de ser restaurado; todo simboliza el latir, el anhelo, la búsqueda del corazón humano por algo mejor y más feliz que el mundo actual que nos rodea. Pero el gran ideal de la masonería, al que todo lo demás es subsidiario y contribuye, es el que representa el alma del hombre como Templo Sagrado y morada del Altísimo. Este ideal ha sido, sin duda, expresado por poetas, profetas y filósofos, pero sólo en la masonería se ha convertido en la base de una organización, con un sistema de instrucción, tan único en la forma como raro en la historia."

Tal libro tienta a la cita, tanto por la belleza de su frase como por su profunda visión; y si destacamos su radiante idealismo es porque, como hemos dicho, la búsqueda del Ideal Moral es el gran secreto de la masonería, su misión soberana y el alma de su simbolismo. ¿Es la masonería actual fiel a su ideal? El autor responde con un triste No, porque muchos masones, mientras glorifican su orden en términos que rozan lo grandilocuente, no consideran lo suficiente que la masonería es una vida que debe vivirse, una oportunidad para servir, un instrumento para la cultura de la fe y la delicadeza del alma; y porque demasiados confunden la búsqueda de un cargo con la búsqueda del ideal. ¿Cuál es el remedio? Reposa en la caja de balotaje, mediante la cual debemos mantener fuera de la fraternidad a los hombres que la ven como una especie de club secreto, un juego de payasadas, que no se interesan por sus altos fines e ideales, y que no tienen tiempo para estudiar su significado.

Como se ha dicho, estas conferencias ofrecen un compendio lúcido y sencillo de las conclusiones de los mejores investigadores masónicos en cuanto al origen y evolución de la Orden, siguiendo de cerca los hallazgos de las grandes Logias de Investigación de Inglaterra. También son muy fructíferos en el estudio del simbolismo; el mejor capítulo, quizá, sea el que trata de la Ley del Cuadrado, del que en estas páginas aparecerá una sinopsis de una sección, para tentar a nuestros miembros a seguir leyendo. Muy interesante es también el ensayo sobre los Landmarks de la masonería, que el autor define como "ciertos usos y costumbres establecidos que marcan las líneas fronterizas del mundo masónico, en sus divisiones internas y en su relación con el mundo exterior". El respeto de los usos que dan forma a nuestra Fraternidad es de vital importancia, por lo que debe moverse a medio camino entre un radicalismo que invite a la innovación destructiva y un culto supersticioso que impida el progreso. Así lo argumenta nuestro autor en su ensayo sobre los Landmarks y el Progreso, recordándonos que el Templo de la hermandad y la paz es el gran Landmark de la masonería, para construir el cual debemos usar todas las artes a nuestro alcance y todos los poderes con los que hemos sido dotados. En uno de los poemas añadidos al volumen, leemos estos versos:

¿Qué es un masón?
Es aquel que edifica sobre la Escuadra,
Cuyo corazón late fiel a Dios y a ti,
Y a todo lo bueno y justo,
Que construye, como puede, según el plan del Cielo
El Templo de la Humanidad.
¡Oh! Ese es el corazón de su gran Arte,
Y sólo esto, tenemos el orgullo de poseer
Para ser la Masonería más noble.

OBISPO POTTER

La biografía del obispo Henry Codman Potter, escrita por George Hodges, nos muestra el crecimiento, la madurez y la madura fecundidad de un americano realmente grande, que fue también un noble francmasón. Unió la robustez de naturaleza con la finura de espíritu, la capacidad práctica con una profunda pasión religiosa, y la plenitud de su actividad en muchos campos es un registro inspirador. El obispo Potter se hizo masón durante su estancia en Troy, en 1866, ingresando en la Logia Mt. Zion, nº 311. Era masón del Capítulo y Caballero Templario, así como miembro de todos los cuerpos del Rito Escocés de Nueva York. Sirvió como Gran Capellán de la Gran Logia de Nueva York en 1895, 1896 y 1897, y en el último año mencionado fue coronado como Masón Honorario de 33° grado en Boston. Sostenía que la masonería tiene una misión mucho mayor de la que sueñan hoy incluso sus más devotos adeptos. Mirando hacia atrás en el pasado, vio lo mucho que ha logrado la masonería; pero previó el desarrollo de una masonería aún mayor en el futuro, más útil para el hombre, más amplia en su alcance y más fructífera en su bien a la sociedad.

"Estoy obligado a admitir -dijo- que si originalmente no me hubiera sentido atraído a la masonería por su valor como lo que puede llamarse un disolvente social universal, nunca habría buscado su compañerismo. Yo estaba, en un período temprano, a punto de viajar en países extranjeros, y me aseguraron que como francmasón, debería ser reconocido y considerado, cuando de otra manera no podría ser. Pues bien, descubrí, por feliz experiencia, que esa seguridad era cierta. Una y otra vez, cuando la emergencia parecía no revelar otra salida a un dilema, lo he resuelto revelándome como masón: y es un hecho digno de mención que nunca en ninguna parte hice esa revelación sin encontrar otros masones que la reconocieran y respondieran a ella."

* * *

LA MAGNÍFICA INVESTIGACIÓN

Sin duda, muchos de nuestros miembros han leído la historia llamada *The Research Magnificent*, de Herbert Wells, una historia típica de nuestro tiempo y del brillante resplandor del hombre que la escribió. Revela a un joven que se inicia en la búsqueda de la vida real, y si su búsqueda le lleva a menudo a situaciones que rozan lo fantástico, está a punto de convertirle en sublime. A pesar de su aurora de visiones invisibles, el héroe se encuentra con dragones en el camino - tres rufianes, podríamos llamarlos-, el primero de los cuales es el Miedo, al que vence, no sin dificultad, enfrentándose a cualquier precio. Tras el miedo vino la Pasión, y no salió bien parado de su encuentro con ella, liando su matrimonio y concluyendo que la vida de rey es incompatible con los lazos domésticos. Huyendo de un rufián, conoce a otro, Celos, que le da la pelea de su vida. La historia es rica en ideas, vívida, variada, descriptiva, recorre toda la gama del pensamiento y la maravilla sugestiva, pero de alguna manera todo es muy triste; porque una investigación que comienza sin Dios debe terminar necesariamente en la inutilidad. De hecho, el hombre va por todo el mundo, de China a Rusia, pero nunca se encuentra a sí mismo, y al no tener fe en un Idealista Infinito su idealismo parece la más vana de todas las cosas vanas.

* * *

EL MUNDO Y SU MUJER

Una de las obras más inolvidables de tiempos recientes —al menos recientes en su traducción al inglés— es *El gran Galeoto*, de José Echegaray; una tragedia de chismes inofensivos y sin malicia, quizás la única de su tipo que jamás se haya escrito. Hay tres personajes en el drama, un marido, su mujer y uno de sus amigos, un joven al que ambos están sinceramente unidos. Los forasteros, mirando, hacen comentarios, no malintencionados, pero malvados en su sugerencia. Después de un poco uno puede ver las serpientes arrastrándose en ese jardín de amistad, y oírlas silbar. Al final, el marido yace herido de muerte en un duelo, mientras que su mujer y su amigo son empujados al mal por el estrépito de las lenguas ociosas. El villano de la obra es ese monstruo de muchas cabezas, "Dicen", todos, y tan sutil es el poder de la mente sobre la mente que la infección se extiende, y todos se ven manchados. William Winter, al escribir sobre la obra, recordó la rima que Edwin Booth convirtió en ley de su vida:

Si buscas una mente tranquila,
Estas cosas obsérvalas con cuidado:
De quién y a quién hablas,
Y cómo, y cuándo, y dónde.

"La vida del hombre está trazada en el telar del tiempo según un patrón que él no ve, pero Dios sí; y su corazón es la lanzadera".

"Debes ser un soberano sobre ti mismo, rey sobre tus propias pasiones, un masón para nosotros, ni embriagado por el éxito ni deprimido por la derrota".

ESPACIO DE PREGUNTAS

TRABAJO RELIGIOSO

Querido Hermano Newton: - Estoy muy interesado en la masonería y en el trabajo de la Sociedad de Investigación, y me gustaría poder hacer más para ayudar, pero mi trabajo religioso interfiere. Tengan la seguridad de que cuentan con mi buena voluntad y con la rapidez de Dios.

- J.H.F.

Por lo que muchas gracias. Por supuesto, sé leal a tu iglesia y a sus labores, pero ten cuidado de no tomar una visión demasiado estrecha de lo que es el trabajo religioso. Es maravillosa la vitalidad que hay en los viejos errores, y en qué formas se reafirman de edad en edad. Cualquier trabajo realizado con el espíritu adecuado es un trabajo religioso, ya sea arar maíz o predicar un sermón. Nunca olvides el gran pasaje de *The Cloister and the Hearth*, en el que Margaret le habla a Gerard del ateísmo de considerar una parte de la vida como sagrada y otra como secular. Recuerda también estas palabras de nuestro noble poeta masónico, Edwin Markham:

> Porque cada acto verdadero es adoración; es una oración,
> Y lleva su propia respuesta desprevenida.
> Sí, aquellos cuyos pies corren hacia buenos encargos
> Son amigos de Dios, con Miguel del sol;
> Él se complace más en algún dulce uso humano
> Que en el libro erudito del recluso;
> Más que el incienso blanco que sube hacia la cúpula. Es un
> campo bien labrado o un clavo bien puesto.
> Más que los aleluyas de los coros

O las adoraciones en silencio junto a los altares
Es un pan bien amasado, o una habitación barrida con amor
de corazón alegre que no considera ningún trabajo como
mezquino.

* * *

LO PEOR

Hermano editor: Habiéndonos dicho qué es lo más grande del mundo, quizás nos diga también qué es lo peor del mundo. Díganoslo.
- O.J.S.

No es necesario. Quien no haya leído *Los cuatro hombres:* una mezcolanza", de Hilaire Belloc, ha perdido uno de los libros más encantadores de su tipo jamás escritos, lleno de ingenio, humor, fantasía errante y filosofía de amplio alcance. Narra el viaje por Sussex de un poeta, un marinero, un Grizzlebeard y el autor, del 29 de octubre al 2 de noviembre de 1902. Estos viajeros hablan, y uno de los temas que tratan es la cuestión de "Lo peor del mundo". Deciden que la muerte del amor, el desvanecimiento de la amistad, la ruptura de los lazos que unen los corazones humanos, es lo peor del mundo. Puede que nuestro Hermano no esté de acuerdo con esto; pero si tuviéramos razón en nuestro análisis de la cosa más grande del mundo, entonces su opuesto, su negación, es la peor de todas las calamidades.

* * *

JOHN A. JOYCE

Querido hermano: En el número de julio de *The Builder* mencionaste, entre los artículos de interés, un artículo sobre el coronel John A. Joyce, poeta y masón, que apareció en el London Freemason. Me interesa y me gustaría ver qué dice. El coronel Joyce era amigo personal mío y residió en casa de mi padre unos dos años antes de fallecer. Era un masón devoto, criado como católico romano, primo del cardenal Gibbons y el primero de su familia en abandonar la Iglesia durante generaciones. Fue masón durante unos cuarenta años. Puede ver mi interés en el asunto. - F.E.H.

El artículo apareció en el *London Freemason*, el 17 de abril de 1915, sin firma, y es muy breve. Confirma lo que dice el hermano Hodge acerca de que el coronel Joyce fue educado en la iglesia romana, afirmando que nació en Shraugh, Irlanda, en 1842, pero fue criado en Kentucky; que fue formado para el sacerdocio, pero lo abandonó por el ejército. Uno de sus poemas más conocidos fue "No hay bolsillo en un sudario", sugerido por el cortejo fúnebre del comodoro Vanderbilt. El artículo no menciona su larga discusión con la Sra. Ella Wheeler Wilcox sobre cuál de las dos escribió los famosos versos "Ríe y el mundo reirá contigo", pero hizo grabar en su lápida como suyas las palabras iniciales del poema. Como el hermano Hodge vive en Washington, podría consultar los archivos del francmasón londinense en la biblioteca de la Casa del Temple.

* * *

DOS VECES EN VEINTICUATRO HORAS

Querido Hermano Newton: En el número de diciembre de *The Builder* observo que algún Hermano quiere saber "en qué parte del mundo las mareas fluyen y refluyen dos veces en veinticuatro horas". Si el Hermano habla en serio, puede asegurarle que aquí mismo, en Washington D.C., la marea sube y baja prácticamente dos veces cada veinticuatro horas. En la Tabla de Mareas publicada por los Estados Unidos para el 2 de diciembre de 1915, encuentro el siguiente registro: - Mareas A.M., pleamar 3:25, bajamar 9:38; mareas P.M., pleamar 4:00 bajamar 10:49. Hay pocos lugares en la Tierra donde, debido a las condiciones locales, como los fuertes vientos dominantes y la peculiar configuración de la costa, las mareas no fluyen y refluyen dos veces en veinticuatro horas; por ejemplo, en el Mediterráneo no hay mareas perceptibles y en el Golfo de México sólo hay una marea perceptible en veinticuatro horas. Pero en casi todos los demás lugares de la Tierra, las mareas fluyen y refluyen dos veces cada veinticuatro horas. - H.P.M., Washington, D. C.

* * *

SERMONES MASÓNICOS

Soy ministro y he predicado varios sermones a masones, y le agradecería que me sugiriera los mejores libros para ayudarme en la preparación de dichos sermones. Puede que conozca algunos libros especialmente buenos que estén en su punto. - J.H.H.

Hay muchos libros de este tipo, como *El espíritu de la masonería*, de Hutchinson; *Los sermones masónicos del Dr. Oliver*; *La religión de la masonería*, de H. J. Whymper, con una introducción de W. J. Hughan; *Masonería Especulativa*, de A. S. Macbride; *La Iglesia y la Logia*, del Hermano Coil, de Marietta, Ohio; *La misión de la masonería*, de Madison C. Peters, y así sucesivamente. Suscríbase a la edición de los lunes del *Brooklyn Daily Eagle*, y encontrará, ocasionalmente, un magnífico sermón masónico del Hermano S. Parkes Cadman, uno de los Grandes Capellanes de la Gran Logia de Nueva York.

* * *

MASONERÍA UNIVERSAL

Querido hermano: En mi humilde opinión el gran peligro que amenaza a la masonería simbólica en nuestro país es el creciente deseo de cristianizarla, para acomodarla a nuestros deseos religiosos. La masonería simbólica debe preservar su universalidad para sobrevivir. Tenemos nuestras órdenes cristianas anexas a la masonería, en las que podemos disfrutar al máximo de nuestras opiniones religiosas; pero cualquier intento de injertar el cristianismo en las logias destruye un importante hito y rompe un eslabón de la cadena fraternal que rodea el mundo y abarca todos los credos. - A.H.G., Hardwicke, Nueva York.

Con esto estamos totalmente de acuerdo, aunque dudamos que exista una fuerte tendencia en la dirección indicada por el Hermano Hardwicke; al menos, no la hemos observado. Esta cuestión se resolvió en el momento de la unión de las Grandes Logias, en 1813. Hasta entonces había habido una decidida tendencia a injertar el cristianismo en la masonería.

Sin embargo, si un Hermano desea interpretar la masonería, y en particular el Tercer Grado, en términos cristianos, está en su derecho; como también está en el derecho de otro interpretarlo de manera diferente. Sólo que no debe insistir en que su interpretación es la norma de la hermandad masónica.

* * *

LA PALABRA PERDIDA

Querido hermano: En su número de septiembre hace referencia a la Palabra Perdida. Me permito añadir que el Prof. Y.G. Warren, profesor de lengua hebrea, dice: La primera palabra pronunciada significa "Quien haces vivir al hijo". También añado este pequeño poema sobre la Palabra Perdida. Los masones del Rito Escocés no pueden dejar de leer entre líneas:

> Hay una palabra desconocida para la tradición perdida,
> Una palabra sagrada que la masonería venera;
> Hay una palabra cuyas sílabas se pronuncian
> Solo en aliento contenido para los oídos que escuchan.
> Es una palabra que despierta verdadera devoción,
> Aunque ensombrecida por el misterio de los años;
> Una palabra cuya traducción indecible
> Permanece oculta hasta que aparezca la Piedra Cúbica.

- O.B. Slane Illinois.

* * *

ALMA Y CUERPO

Me gustaría que el Hermano Silas Shepherd, de Wisconsin, respondiera a la siguiente pregunta: - ¿Tiene el alma algo que ver con la acción impropia de los cuerpos vivos? Fraternalmente, S. Simone California.

Querido Hermano Newton: - No sé si comprendo plenamente la pregunta que hace el Hermano Simone, pero aventuro la respuesta de que la falta de desarrollo del Alma, o espiritualidad, es responsable de la mayoría, si no de todas, nuestras acciones impropias como cuerpos vivos. Con mis mejores deseos y saludos fraternales. Silas H. Shepherd, Wis.

* * *

THOMAS PAINE

Hermano editor: En la columna de correspondencia de *The Builder* aparece otra referencia a Thomas Paine. Tal vez el Hermano G. P. Brown pueda dar su autoridad para la afirmación que hace de que Thomas Paine fue ingresado, aprobado y educado en la Logia del Regimiento de San Juan, el primer cuerpo masónico que se constituyó entre las tropas revolucionarias. Hizo la declaración en el *Masonic Observer*, el 31 de enero de 1914, en un artículo titulado "El patriotismo de Thomas Paine." A menudo me he preguntado si el Hermano Brown tenía autoridad para muchas de sus afirmaciones. Cordial y fraternalmente, Silas H. Shepherd, Wis.

* * *

LA GRAN LOGIA MADRE

Refiriéndose al artículo del Pasado Gran Maestro J. W. Eggleston sobre la Gran Logia de Virginia, publicado en el número de junio de *The Builder*, y a la respuesta al mismo del Gran Maestro Johnson, de

Massachusetts, el Hermano J. G. Hankins, editor del *Virginia Masonic Journal*, dice en una carta:

"El Pasado Gran Maestro Eggleston nunca ha dicho que Virginia tuviera la primera Gran Logia, ni afirma que seamos 'La Gran Logia Madre'. - Este siendo mi propio hacer al escribir el título del artículo. Él solo dice que somos los más antiguos, y por referencia a la historia de la Gran Logia de Virginia de Dove, proporcionada por el Hermano Johnson como autoridad, parece que "la Gran Logia de San Juan protestó contra las invasiones de su rival, la 'Gran Logia de Massachusetts', y ambas contra la Antigua Logia de York. No fue hasta el 5 de marzo de 1792 que estas dificultades se resolvieron, cuando las dos Grandes Logias se reunieron por última vez y formaron una unión", etc., y así me parece claramente, al menos a mí, que esta última fecha es el comienzo de la actual Gran Logia de Massachusetts; aunque debemos admitir que pudo haber tenido una Gran Logia Soberana antes -el 8 de marzo de 1777- como lo afirma el Hermano Johnson y se publica en la *Historia de las Grandes Logias de Dove*.

* * *

CUALIFICACIONES FÍSICAS

Mi querido hermano: - Me interesó mucho la nota en el número de octubre de *The Builder* de un Hermano que afirmaba que creía haber encontrado en el Levítico una razón por la que la masonería se ha negado durante tanto tiempo a admitir a hombres físicamente imperfectos; así como su respuesta a la misma. Permítanme decir que la Gran Logia de Michigan, hace unos tres años, dio a las Logias subordinadas en su jurisdicción la autoridad para aceptar a tales hombres si así lo deseaban, y que hasta donde yo sé nuestras Logias Azules han ejercido ese privilegio. Algunos de los hombres así admitidos se encuentran entre nuestros masones más capaces y útiles. Indudablemente, la Logia que cree que las cualidades internas y no las externas son las que recomiendan a un hombre para la masonería, encuentra que un hombre con una pierna de madera es infinitamente más valioso para la Fraternidad que un hombre con una cabeza de madera. Suyo fraternalmente, C. O. Fords Michigan.

* * *

EL RITO DE MEMPHIS

¿Cuál es la situación legal en este país del Rito de Menfis? Si goza de buena reputación en este país, ¿de dónde deriva su autoridad?
- F.A. B.

El Rito de Memphis -consistente, al principio, en noventa y un grados a los que posteriormente se añadió uno más, y que pretende ser el único depositario de la masonería pura y primitiva- no tiene ningún valor legal en este país, si por tal se entiende el reconocimiento de las Grandes Logias americanas. Que sepamos, no existe legislación específica al respecto; simplemente, se ignora el rito. Sin embargo, está reconocido por el Gran Oriente de Francia, como uno de los ocho sistemas de ritos que trabajan bajo la obediencia de ese cuerpo; pero no se le permite conferir ningún grado más allá de los tres primeros.

* * *

JACQUES DE MOLAI

Soy miembro de la Comandancia DeMolai y llevo varios años intentando encontrar un registro del escudo de armas de DeMolai. Una fuente de información dice que pertenecía a una familia noble, mientras que otra lo da de nacimiento común. ¿Puede ayudarme en este asunto? - O.F.S.

Las autoridades de la Biblioteca de la Gran Logia de Iowa parecen coincidir en que DeMolai era de noble cuna, de la familia de los señores de Longvic y Raon, en Borgoña, nacido en 1237. Sin embargo, una búsqueda estricta en los diversos appartamentos de las Casas de

Longvic y Raon no ha revelado ningún dato sobre su escudo de armas, quizá porque antes de 1400 se escribía muy poco sobre heráldica. Si el hecho del noble nacimiento de DeMolai, y la familia con la que estaba relacionado, ponen a nuestro Hermano sobre la pista del descubrimiento, nos alegraremos, y tal vez nos dé el resultado de su ulterior investigación.

* * *

REAL ORDEN DE ESCOCIA

Tengo entendido que la Real Orden de Escocia es una rama legítima de la masonería en las Islas Británicas. ¿Hay alguien de esta Orden trabajando en este país que derive su autoridad del cuerpo británico? - O.F.S.

Sí; hay una Gran Logia Provincial de la Real Orden de Escocia trabajando en este país, de la cual el difunto Hermano James D. Richardson fue comandante, sucedido, creemos, por el Hermano Leon Abbott. Los Hermanos admitidos en esta Orden tienen sus patentes firmadas por el Conde de Kintore, Edimburgo. No está afiliado al Rito Escocés, sino a lo que popularmente se denomina el Rito de York, y sólo los Masones del Arco Real pueden pertenecer a él.

* * *

PALABRAS MASÓNICAS

(1) ¿Qué significa la palabra "libre" en masonería? (2) ¿Cuál es el significado de la palabra "Venerable" aplicada al Maestro de la Logia? (3) ¿Por qué lleva sombrero el Maestro? (4) ¿Es masón un hombre que sólo ha cursado el grado de Aprendiz? (5) ¿Por qué se dedicó la Logia Azul a los santos Juanes? - J.H.H.

(1) Antiguamente, los francmasones eran libres de ir de un lado a otro donde su trabajo les llamara, en lugar de estar obligados por ley a vivir y trabajar en una ciudad, como los masones del gremio. Tam-

bién estaban libres de obligaciones fiscales y otras restricciones, dada la importancia de su arte. Debería significar para nosotros, muchas cosas mucho más profundas. (2) Un mero título de respeto y que en ningún caso implica la reverencia objetual que algunos tontos críticos de la orden quieren imaginar. Las logias francesas utilizan en su lugar la palabra "venerable". (3) Como símbolo de la autoridad que le otorgaban sus Hermanos. (Véase *The Builder*, vol. 1, p. 120.) (4) Un hombre no es realmente masón, cualificado para trabajar como tal, hasta que ha recibido el Tercer Grado. (5) Tal vez porque eran dos poderosos maestros de la Rectitud y el Amor, que son los fundamentos de la Logia. (*The Builder*, vol. i, pp. 166, 309.)

* * *

LOS TRES TOQUES

¿Cuál es el simbolismo de los Toques de nuestros tres grados? Me ha parecido que es un asunto que se pasa por alto con poca reflexión. - J.L.B.

Ciertamente, la elevación de un hombre no pretendía simplemente informarle de que la masonería abriga la creencia en la inmortalidad. Ningún hombre necesita que nadie le diga brevemente que lo que quiere es aprender cómo puede llegar a estar seguro de que su alma no es un aliento evanescente. Tal vez el simbolismo de los Toques pueda expresarse así:

La ciencia, asumiendo que la sede del alma es el cerebro, procede a desnudarlo, disecciona sus hemisferios, traza sus circunvoluciones y nervios. A continuación, somete el cerebro de un perro a las mismas pruebas y comprueba que es igual que el del hombre. La química asume la tarea, disuelve los análisis y, por todos los medios a su alcance, reduce ambos cerebros a sus elementos esenciales. De ambos obtiene los mismos elementos, que se encuentran en todas partes. La ciencia, tan lejos de probar la inmortalidad del alma, depone sus instrumentos, sus ácidos, confesando que ni siquiera puede probar que exista un alma. No por ese Toque puede el hombre elevarse de un nivel muerto a un perpendicular vivo. La lógica trata entonces de demostrar que el alma, en su naturaleza, es indivisible e indestructible, por lo que debe ser inmortal. Piato, Cicerón y los demás formularon este argumento, pero si convencieron a los demás, no se convencieron a sí mismos. Volvieron las dudas. Siempre, en el punto más crítico del que dependía la conclusión, había un malabarismo de palabras. No por ese Toque puede el hombre resucitar para andar una vida nueva. Queda el poderoso asidero de la fe: la convicción profunda, fija e inefable del alma misma; la voz misma de Dios que habla en el interior; la Palabra Divina que mora en el corazón. ¿De qué otra forma ha revelado Dios la verdad al hombre? ¿De qué otra forma podría hacerlo? Dado que sabemos que hay un Dios, sabemos con la misma certeza que no somos los objetos de una omnipotencia cínica y sarcástica, sino semejantes a Él, el alma es un hermano menor de Aquel a quien busca; y que nuestras convicciones, provenientes de Él, son verdaderas y confiables. Por el Toque y el poder de la fe somos vivificados a la vida eterna.

HISTORIA Y CARIDAD

Algunos dicen que nuestra francmasonería procede de los gremios de masones de Londres. Para beneficio del joven masón, daré algunos de los primeros registros de la Masonería Especulativa y un vistazo a la Caridad Masónica.

Creo que la masonería, por lo que he leído de ella, ha existido desde tiempos inmemoriales, y que algunos de los hombres más inteligentes de todas las épocas han estado asociados a ella. La verdadera masonería de nuestros antiguos hermanos era el conocimiento del culto al Dios verdadero. Esta piedad fue la causa de que se erigieran tantas iglesias y monasterios para el culto de Dios. Según Gould, la época en que la construcción de iglesias alcanzó su apogeo fue durante la primera parte del siglo XIV, cuando sólo en Inglaterra se estaban construyendo doce grandes edificios.

Decir que los francmasones fueron en algún momento todos de la profesión de la albañilería es un grave error, porque se dice que todos los reyes de Escocia, y la mayoría de los nobles, eran francmasones. En nuestro sistema actual de masonería especulativa, el primer registro auténtico de un no-operativo como miembro de una logia masónica, aparece en un acta de la Logia de Edimburgo, bajo la fecha del 8 de junio de 1600. John Boswell, Laird de Auchindeck, estuvo presente y dio fe del acta con su marca. De los 49 miembros de la logia de Aberdeen, en 1670, menos de una cuarta parte eran albañiles. Los miembros eran clérigos, cirujanos, comerciantes y tres eran nobles. En las actas de un Sínodo Presbiteriano, en 1652, se declara que los ministros de esa iglesia habían sido masones libres en los tiempos más puros de la Iglesia.

A Escocia se debe el honor por nuestro actual sistema de grados en la francmasonería. La leyenda del Tercer Grado no se conocía en Inglaterra hasta que Anderson, un ministro presbiteriano escocés, que también redactó la primera constitución de la Gran Logia de Inglaterra, la dio a conocer a los masones de Londres. El sistema escocés era conocido en Irlanda antes del desembarco de Guillermo de Orange, en Carrickfergus, en 1690. William dijo que le gustaban los masones porque su objetivo era siempre construir, nunca destruir. Por esa razón, ordenó que sus mandiles fueran bordados de azul, en imitación del cielo azul del Cielo. Se dice que este es el origen del borde azul que a menudo se ve en los mandiles de los masones.

En nuestra propia tierra querida, donde hay más francmasones que en cualquier otro país del mundo, algunos de los mejores hombres de tiempos pasados, así como ahora, han sido miembros de nuestra fraternidad, a saber: Gen. Washington, Benjamin Franklin, Gen. Warren, Andrew Jackson y Henry Clay. Los tres últimos eran Grandes Maestros.

Estamos orgullosos del legado de la masonería que se nos ha transmitido. Viene sin una mancha en su justo nombre. Estamos haciendo historia masónica; veamos que el registro que hagamos resista la prueba de la Escuadra del Supervisor, para que aquellos que vengan después de nosotros, puedan leer las buenas obras que realizamos y sean así alentados a hacer mejores cosas, para que el buen nombre de la masonería sea conocido en cada hogar a lo largo del mundo civilizado, y el espíritu de la Caridad Masónica se infunda en los corazones de la gente.

Hutchinson, en su *Espíritu de la francmasonería*, publicado en 1814, tiene esto que decir de la Caridad Masónica: "Para ejercitar esta virtud, tanto en el carácter de masones como en la vida común, con propiedad y de acuerdo con los buenos principios, debemos olvidar toda obligación que no sea el afecto, pues de lo contrario sería confundir la caridad con el deber. Los sentimientos del corazón deben dirigir la mano de la caridad. Para ello debemos despojarnos de toda idea de superioridad y estimarnos iguales; del mismo rango y raza de los hombres. En esta disposición de ánimo, podemos ser susceptibles de esos sentimientos en los que se deleita la Caridad; de sentir las aflicciones y miserias de los demás con una genuina y verdadera simpatía del alma. La compasión es de nacimiento celestial; es una de las primeras características de la humanidad. Aquel cuyo pecho está encerrado contra la compasión, es un bárbaro; sus modales son brutales; sus pasiones tan salvajes como las bestias del bosque. Si damos sólo para recibir, perdemos los objetos más hermosos de nuestra caridad: los enfermos, los cautivos y los necesitados. La regla es que debemos dar como quisiéramos recibir; alegremente, rápidamente y sin vacilar; porque no hay gracia en un beneficio que se pega a los dedos. Los objetos de la verdadera caridad son el mérito y la virtud en el desamparo; las personas incapaces de librarse de las desgracias que les han sobrevenido en la vejez; los hombres laboriosos, por accidentes inevitables, precipitados en la ruina; las viudas abandonadas en el desamparo, y los huérfanos en tierna edad dejados desnudos al mundo. Hay otro tipo de caridad que, como masones, deberíamos practicar. Debemos ocultar las imperfecciones de nuestros hermanos; incluso la verdad no debe decirse siempre, pues donde no podemos aprobar debemos compadecer en silencio. ¿Qué placer o beneficio puede surgir al exponer la debilidad de un hermano?

¡Exhortarlo, es virtuoso! ¡¡Despreciarlo es inhumano!! ¡¡¡Ponerlo como objeto de burla, es INFERNAL!!!

La verdadera caridad es la piedra angular de la Masonería Especulativa. Debemos ser caritativos con todos los hombres, sean masones o no. El mundo entero tiene derecho a nuestros amables oficios. Todo masón debe ser un hombre de bien y practicar los preceptos divinos de Verdad y Justicia. Nunca debería ser posible que alguien dijera sinceramente que había sido defraudado o perjudicado por un francmasón.

Recordemos todos, y en todo momento, que cada uno de nosotros es un pilar de esta gran institución, y que cuando nos permitimos entrar en un estado de decadencia moral, estamos dañando la Estructura, y debilitando así su utilidad.

- W. C. Willox, Washington.

* * *

EL CUERPO MASÓNICO

Querido Hermano Newton: Como invita a opinar sobre la pregunta formulada por el Hno. W.G. Coapman en *The Builder* de diciembre en cuanto al significado de una respuesta afirmativa a la pregunta: "¿Admite usted que no está en el poder de ningún hombre, u organización de hombres, hacer innovaciones en el Cuerpo Masónico?". Expongo mi opinión de que significa el Espíritu de la Masonería, tan bien ilustrado en el artículo sobre Simbolismo del Hermano J. Otis Ball en la misma edición. Por lo que he podido averiguar, la primera norma impresa en este sentido aparece en las *Ilustraciones de la masonería* de Preston, de las que tengo un ejemplar (14ª edición, 1829); y la redacción es la misma que en el Código de Wisconsin, con la excepción de la palabra innovación utilizada por Preston, que se emplea en plural -innovaciones- en el Código de

Wisconsin. "Innovaciones en la masonería" difícilmente puede significar sus formas, ceremonias de la redacción de su ritual, porque todos estos se han cambiado en mayor o menor medida en el período de que tenemos conocimiento definitivo. El "renacimiento de 1717" supuso un cambio en un sentido. El venerable Preston, si es el autor de la frase en cuestión, estaba en esto y también en otros aspectos cambiando las conferencias y el trabajo. Para ser coherente, no podía considerarlas "innovaciones en la masonería". Thomas Smith Webb, a quien generalmente se considera el fundador del Rito Americano y maestro de la "obra" Preston, abrevió y "cambió la disposición de las conferencias", y cuenta con los aplausos de miles de masones que se oponen a las "innovaciones en la masonería". Jeremy Cross llegó incluso a llamar "tradición masónica" a una hermosa palabra-imagen suya, y una reciente revisión del ritual en una de nuestras jurisdicciones hermanas otorga a los cambios realizados en una ceremonia la antigüedad de la tradición, cuando conocemos el año y el mes en que se realizó el cambio. La palabra "Poder", si se utiliza en el sentido de "capacidad de hacer una cosa", dejaría claro que el significado del reglamento se refiere a algo más vital que las palabras y las formas. Si se utiliza en el sentido de "autoridad para hacer una cosa", también significa algo más que el ritual, porque generalmente se admite que la Gran Logia es un cuerpo de hombres que tienen poder para decir qué formas, ceremonias y ritual deben utilizarse. Si los cambios en la forma y el ritual son innovaciones, muchos de los Hermanos talentosos del pasado han sido grandes ofensores de muchos de los cambios desde que se adoptó este reglamento.

Atentamente,

Silas H. Shepherd, Wisconsin.

* * *

UNA ANTIGUA CARTA FUNDACIONAL

Querido hermano: - Los miembros de la Logia Hiram, n° 1, de esta ciudad, han descubierto recientemente que la muy apreciada carta patente original de la antigua Logia Hiram, expedida por el Gran Maestro Provincial Thomas Oxnard en 1750, es quizás la carta de Logia Masónica más antigua que existe en los Estados Unidos. La Logia Hiram, aunque data de 1750, no es la más antigua del país, pero sus estatutos anteriores se han perdido o destruido. Esta carta fue expedida a petición de David Wooster, primer maestro de la Logia Hiram, y considerado como el padre de la masonería en Connecticut, y en virtud de la carta la antigua Logia fue registrada bajo la Gran Logia de Inglaterra. La carta patente original dice lo siguiente:

T. OXNARD, G. M.

A todos y cada uno de los Respetables y Venerables Hermanos y Compañeros de la Antigua y Honorable Sociedad de Masones Libres y Aceptados, que actualmente residen en o cerca de New Haven, en la Colonia de Connecticut, en Nueva Inglaterra, o que en lo sucesivo pudieran residir allí, THOMAS OXNARD, Esquire, de Boston, Gran Maestro Provincial de América del Norte, envía saludos.

Considerando que se nos ha presentado una solicitud por parte de nuestro verdaderamente digno y muy amado hermano, el capitán David Wooster, junto con varios otros respetables hermanos que actualmente residen en o cerca de dicho New Haven, solicitando que les otorguemos la facultad de congregarse y constituirse como una logia regular de masones:

Sepan, pues, que en consideración de lo anteriormente expuesto, y en virtud del poder que nos ha sido conferido por el Muy Honorable y Muy Venerable Gran Maestro de Inglaterra, por la presente nombramos y facultamos a nuestro verdadero y fiel hermano, el capitán David Wooster, para que sea el primer Venerable Maestro de la primera logia en el mencionado New Haven, y ordenamos por la presente que convoque (tan pronto como le sea posible) a todos los

Masones Libres y Aceptados que se hallen en o alrededor de dicha Colonia de Connecticut (cuidando especialmente de que todos ellos hayan sido o sean debidamente iniciados) a reunirse y elegir entre ellos dos Vigilantes, según les parezca adecuado; y que dicha logia se reúna en un lugar conveniente en el mencionado New Haven en los días que resulten más propicios; y que dicha logia elija anualmente, en la noche de logia inmediatamente anterior al Festival de San Juan Evangelista, a uno de sus miembros como Venerable Maestro y a dos como Vigilantes, para regir dicha logia, junto con los demás oficiales que sean necesarios para el buen orden de la misma; y además, que observen y cumplan estrictamente todas y cada una de las reglas y regulaciones contenidas en el impreso Libro de las Constituciones (exceptuando aquellas que hayan sido modificadas por la Gran Logia en sus comunicaciones regulares), así como las instrucciones que reciban de nosotros, de nuestro Diputado, o del Gran Maestro y su Diputado en funciones; y que el Venerable Maestro y los Vigilantes de dicha logia nos transmitan por escrito una lista de los miembros de la misma, con los lugares donde residen, y los días y el lugar establecidos para sus reuniones.

Dado bajo nuestra mano y sello, en Boston, en este duodécimo día de noviembre. A.D. 1750, A. L. 5750. Por orden del Gran Maestro.

Hugh M'daniel, D. G. M.,

Benj. Hallowell, P. G. V.,

John Box, S. G. V.,

Chas Pelham, G. S.

Pensé que esta antigua carta patente podría ser de su interés, y quizás merecedora de un lugar en *The Builder*. Les deseo mucho éxito.

Atentamente,

W. E. Mumford, Brardon, Conn.

* * *

NO MÁS RECUERDOS

Querido hermano: Ciertas alusiones en obligaciones bien conocidas, y en particular las penalidades contenidas en ellas, me han dado no poco en qué pensar; y tras una larga reflexión sobre el asunto, he llegado a la siguiente conclusión: que existe una razón más profunda que las sustenta. Desde tiempos inmemoriales se ha creído en una vida en el más allá y en nuestra entrada en ella a través de una resurrección. La antigua creencia en la resurrección se basaba en varios elementos esenciales para ella: en primer lugar y principalmente, que el cuerpo debía conservarse intacto, de ahí el dolor de Isis por el cuerpo mutilado de Osiris. De ahí el embalsamamiento del cuerpo por los egipcios y el uso del ataúd y el sudario en nuestros días. Cualquier desmembramiento del cuerpo, incluso después de la muerte, impediría dicha resurrección y, por tanto, la consecución de la vida del más allá. La propia muerte, inevitable para todos, era un destino que todos debían conocer. Llegaría tarde o temprano, y ser valiente e intrépido no era tanto un castigo como quedar excluido de la posibilidad de la resurrección y, por tanto, de la entrada en la vida del más allá. Las reminiscencias de esta antigua creencia perduran hasta nuestros días. La alusión a que no se recuerde más es significativa de este mismo sentimiento o creencia. No he podido encontrar nada en este sentido en ningún libro disponible, pero lo ofrezco como conclusión o sugerencia.

Sincera y fraternalmente,
Adolph H. Weber, California.

* * *

LA ESPADA Y LA PALETA

La Paleta es más poderosa que la Espada, porque aunque la espada pueda estar dotada de toda la fuerza y crueldad del gran dios de la guerra, y aunque pueda arrasar ciudades orgullosas y asolar grandes imperios, asesinando a los padres, violando a las madres e hijas y matando de hambre a los bebés, su fuerza es sólo temporal; es un instrumento de destrucción y como tal no puede tener un lugar permanente en el gran esquema del universo.

Pero la Paleta, la humilde herramienta del constructor, reemplaza todos los edificios materiales destruidos por la espada; reconstruye hogares y ciudades, y extiende la prosperidad sobre la faz de la tierra. Pero más que eso, lleva un mensaje de Amor Fraternal y afecto a todos los pueblos, y llegará un momento en que, por su influencia, toda animosidad y odio desaparecerán y las guerras dejarán de existir. El amor gobernará el universo, y la libertad y la justicia caminarán de la mano con el poder; la tiranía y la opresión desaparecerán de la faz de la tierra, y todos los hombres se conocerán a sí mismos como Hermanos. Entonces la Paleta del Masón habrá cumplido su destino.

Almon S. Reed, Iowa.

* * *

ARTÍCULOS DE INTERÉS

Cualificaciones físicas de los candidatos, por M. M. Johnson. Artesano de Nueva Inglaterra.

La masonería alemana en la guerra, por Gustav Diereks. Francmasón americano.

El Gran Oriente de Francia, por G. W. Baird. La Nueva Era.

El origen del Temple El francmasón, Toronto.

La masonería y la guerra, Albert Churchward. Francmasón de Londres.

Relación de las Órdenes Masónicas de Caballería Cristiana con la Masonería del Antiguo Oficio, por W. F. Kuhn. American Tyler-Keystone.

Inglaterra y sus aliados como masones, por Fred Armstrong. Francmasón americano.

* * *

LIBROS RECIBIDOS

Masonería especulativa, de A. S. Macbride. D. Gilfillan & Co., Glasgow. 1,50 $

La filosofía de la masonería, de Roseoe Pound. National Masonic Research Society, Anamosa, Iowa. 75 céntimos

El Primer Grado, de A. W. Gage. National Masonic Research Society. 15 céntimos.

The Lord of Misrule, de Alfred Noyes. F. A. Stokes Co., Nueva York. 1,60 $

Misterios antiguos y masonería moderna, de C. H. Vail. Macoy Co., Nueva York. 1 $

Constitución antigua. Macoy Co., Nueva York. 1 $

Antiquities of Freemasonry, de George Oliver. Macoy Co., Nueva York. 1 $

Making of an Americana Library, de A. E. Bostick. Little, Brown Co., Boston. 1 $

Browning, cómo conocerlo, de W. L. Phelps. Bobbs-Merrill, Indianápolis. 1,50 $

Still Water Pastorals, de Paul Shivell. Houghton Mifflin Co., Boston. 75 céntimos.

DESEO

¡Contigo un momento!
¡Entonces qué sueños cobran vida!
Surgen tradiciones de eterno afán,
búsqueda del alto, austero y solitario camino
que el Espíritu recorre por las eternidades.
Ah, ¡qué recuerdos surgen en el alma!
Y con qué anhelo inexpresable,
surgiendo de un largo olvido, me vuelvo
A Ti, invisible, sin rumores, inmóvil:
Blancos por Tu blancura arden todos los deseos.

Ah, ¡con qué anhelo me vuelvo una vez más!

- A. E.

UNA VERDAD MÁS PROFUNDA QUE LA MUERTE

Dios me ha atormentado toda mi vida. No me deja en paz. Él me es necesario, aunque solo sea porque es el único Ser al que puedo amar eternamente.

Hermano, un hombre nuevo ha surgido en mí. Estaba oculto dentro de mí, pero nunca habría salido a la superficie si no fuera por este golpe del cielo. Ahora sólo tengo un temor: que ese Hombre Nuevo me abandone.

Todos somos responsables de todos. Yo voy por todos, porque alguien debe ir por todos. De nuestro gran dolor volveremos a levantarnos hacia la alegría, sin la cual el hombre no puede vivir ni Dios existir, pues Dios es alegría.

- Feodor Dostoievski.

MASONICA

Ediciones del Arte Real